Louis Schützenhöfer • Die Harmoniefalle

Louis Schützenhöfer

Die Harmonie *falle*

Nur Dissonanz bringt uns weiter

Orac

www.kremayr-scheriau.at

ISBN 978-3-7015-0586-9
Copyright © 2016 by Orac / Verlag Kremayr & Scheriau GmbH & Co. KG, Wien
Alle Rechte vorbehalten
Schutzumschlaggestaltung: Sophie Gudenus, Wien
unter Verwendung einer Grafik von Yodke67/Dreamstime.com
Lektorat: Paul Maercker
Typografische Gestaltung und Satz: Sophie Gudenus, Wien
Druck und Bindung: Druckerei Theiss GmbH, St. Stefan i. Lavanttal

Inhalt

Für Bouchra Laktir

إهداء إلى بشرى لكثي

Einleitung

Harmonie – ein Wort, dessen Klang allein schon angenehme Gefühle weckt. Wir verstehen darunter gewöhnlich einen Zustand des Gleichgewichts, der Ausgeglichenheit und der Ruhe. Nicht mehr das Streben nach irgendetwas steht im Vordergrund, sondern ein Gefühl des Angekommen-Seins.

Von der Antike bis in die heutigen Tage wurde und wird dieses Gefühl in den höchsten Tönen gepriesen. Für den griechischen Mathematiker und Philosophen Pythagoras von Samos war Harmonie schlicht das Schönste überhaupt. Der Dramatiker, Philosoph und Stoiker Seneca gab den wohlmeinenden Rat: „Konzentriere dich in deinem kurzen Leben auf wesentliche Dinge und lebe mit dir und der Welt in Harmonie." Lediglich der österreichische Dichter Robert Musil tanzt aus der Reihe: „Wie abstoßend wirken die Worte Harmonie, Gleichmaß, Vollkommenheit, Edel! Wir haben sie gemästet, sie stehen wie dicke Frauen auf winzigen Füßen da und können sich nicht rühren."

Aus psychologischer Sicht hat Harmonie zwei Aspekte. Es ist einmal das Einssein mit sich selbst. In innerer Harmonie zu leben bedeutet, in sich widerspruchsfrei zu sein. Die Meinungen passen zueinander und entsprechen dem Verhalten. Die eigene Geschichte, die Handlungen und Überzeugungen der Vergangenheit stimmen mit den gegenwärtigen Einschätzungen überein. Harmonie bedeutet auch, und das ist der zweite Aspekt, im Einklang mit seiner Umgebung zu leben und sich mit seinen Einstellungen und Werten aufgehoben zu fühlen.

Das Streben nach Harmonie gilt in der Psychologie als ein Grundmotiv des Menschen. Entsprechend groß ist das

Repertoire der Psyche, diesen Zustand herzustellen oder zu erhalten. Die meisten dieser Prozesse spielen sich ohne unser absichtliches Zutun im Unbewussten ab. Sie bewirken einerseits innere Balance und Ausgeglichenheit und sind andererseits Vereinfachungsprogramme, die helfen, uns in einer chaotischen Welt zurechtzufinden. Es ist nicht ganz geklärt, wie diese Harmonisierungsprogramme in unsere Gehirne gekommen sind. Vieles spricht dafür, dass sie zu unserer genetischen Grundausstattung gehören und wir bereits damit auf die Welt kommen. Man kann sich jedoch auch gut vorstellen, dass sie das Ergebnis unserer Sozialisation sind, denn in allen Kulturen gibt es auffällige Bemühungen, die Menschen zu widerspruchsfreien, berechenbaren und an die Mehrheit angepassten Wesen zu formen.

Doch warum Harmonie*falle*? Was soll schlecht sein an diesem äußerst befriedigenden Zustand, mit sich und der Welt im Reinen zu sein und Ordnung in der inneren und äußeren Welt zu erleben? Nichts. Absolut nichts. Und doch: Die Harmonie hat auch Schattenseiten. Und Fallen, in die man besser nicht hineintappt. Im Zustand der Harmonie gibt es keine Änderungsimpulse. Wozu auch, ist es doch ein äußerst angenehmes Gefühl, das möglichst lang anhalten soll. Es kann jedoch trügerisch sein und Dissonanzen verdecken, die eine Handlung erfordern würden.

Harmonie hat viele Erscheinungsformen, wie zum Beispiel Zufriedenheit, Gewohnheit, Bequemlichkeit, Nachgiebigkeit, Anpassungsbereitschaft, Friedfertigkeit, Sicherheit, Beständigkeit. Dissonanz ist hingegen verbunden mit Unzufriedenheit, Anspannung, Bedauern, Schuldgefühlen, Zweifeln, aber auch mit Neugierde, Sehnsucht, Tatendrang und Anderem. An dieser Aufzählung sieht man, dass Harmonie zum „Verweilen" einlädt, während Zustände der Dissonanz zum Handeln und zur Veränderung der Situation motivieren.

Eine in sich stimmige, konsistente Person wird ob ihrer Verlässlichkeit und Berechenbarkeit von den Mitmenschen geschätzt, doch erst Vielfalt, Widersprüchlichkeit und Änderungsbereitschaft ergeben eine interessante Persönlichkeit. Es lebt sich angenehm, wenn man sich mit seinen Meinungen und Einstellungen harmonisch in seine soziale Umgebung einfügt. Doch manchmal ist es notwendig, Konflikte anzusprechen und auszutragen. Zuviel Anpassung um der Harmonie willen nimmt die Selbstbestimmtheit. Die Gesellschaft braucht Menschen, die den Mut haben, gegen den Mainstream zu schwimmen, anders zu denken und anders zu handeln.

Der Preis, den wir für die Harmonie zahlen, ist unter Umständen sehr hoch: Verzerren der Realität, Verweigern neuer Einsichten und notwendiger Entscheidungen, Opfern der Selbstbestimmtheit. Und damit würden wir uns selbst daran hindern, zu unserer Individualität zu finden, die Welt in ihrer Buntheit, Vielfalt und Widersprüchlichkeit zu erfassen und uns an ihren stetigen Wandel anzupassen. Sie werden sich wundern, in wie vielen Bereichen des Alltags Harmonieprozesse eine Rolle spielen und wie groß die Gefahr ist, diesen in die Falle zu gehen.

Kann man etwas tun, um Harmoniefallen zu erkennen und ein Hineintappen zu verhindern? Man kann! Sie finden in diesem Buch Hinweise und Anleitungen. Es ist allerdings nicht ganz einfach, diese Prozesse zu stoppen, denn sie laufen meist unbewusst ab. Und Sie müssen auch mit Widerständen Ihrer Mitmenschen und der gesellschaftlichen Institutionen rechnen, denn diese sind meist daran interessiert, Sie zu einem berechenbaren und angepassten Wesen zu formen. Es wird Ihnen nicht leicht gemacht, Ihre Individualität und Selbstbestimmtheit zu entwickeln, doch ich bin sicher, dass Ihnen dieses Buch dabei helfen kann.

„Die Harmoniefalle" ist ein langsames Buch geworden –
nicht dafür geeignet, es in einem Zug zu verschlingen. Es ist
so aufgebaut, dass man es nicht unbedingt von vorne bis hin-
ten lesen muss, sondern so, dass man darin schmökern kann.
Natürlich kreist das gesamte Buch um das Thema „Harmoniefalle", doch jedes Kapitel steht für sich und kann auch losge-
löst vom übrigen Text gelesen werden.

Graz, Agadir 2015

„Alle Gefühle, alle Leidenschaften der Welt sind ein Nichts
gegenüber der ungeheuren, aber völlig unbewussten Anstrengung,
welche die Menschheit in jedem Augenblick macht, um ihre
Gemütsruhe zu bewahren."
Robert Musil

Innere Harmonie

Automatische Harmonisierungsprogramme

Wenden wir uns zunächst der inneren Harmonie zu, dem
Zusammenklang der Einstellungen, Meinungen und Werthaltungen einer Person. Dieser ideale Zustand wird in der Psychologie als Konsistenz bezeichnet. Der Mensch ist kein beliebiges Sammelsurium von psychischen Inhalten oder sollte
es zumindest nicht sein. Diese müssen vielmehr zueinander
passen, um eine Einheit, eine Person zu bilden. Es scheinen
im Gehirn ständig Harmonisierungsprogramme zu laufen,
die dafür sorgen, dass unsere Bewusstseinszustände, die sogenannten Kognitionen, zueinander passen. Stellen Sie sich einen Menschen vor, dessen Einstellungen bunt gemischt sind,
sich darüber hinaus ständig ändern und mit seinem Verhalten nichts zu tun haben. Sicherlich würden Sie nicht zögern,
ihn als verwirrt, unverlässlich oder gar als geisteskrank zu bezeichnen. Der Umgang mit solchen Zeitgenossen wäre äußerst
schwierig, da man ihr Verhalten nicht voraussagen könnte.
Wir müssten ständig auf alle möglichen Reaktionen gefasst
sein. Es ist also ganz gut, dass in unseren Gehirnen für Harmonie gesorgt wird. Mit den Nachteilen, die damit verbunden
sein können, werden wir uns noch ausführlich beschäftigen.

Es gibt Einstellungen, die überhaupt nichts miteinander zu tun haben, wie zum Beispiel „Ich liebe klassische Musik" und „Ich mag Hunde". Zwischen diesen können auch keine Dissonanzen auftreten, sofern man nicht durch das Bellen im Hörgenuss gestört wird. Die Kognitionen „Ich liebe den Süden" und „Ich mache Urlaub in Italien" vertragen sich gut miteinander. Anders ist es bei den Einstellungen: „Meine Gesundheit ist mir wichtig" und „Ich rauche". In diesem Fall besteht ein Konflikt zwischen Einstellung und Verhalten. Die Psyche muss daher Anstrengungen unternehmen, um Konsonanz herzustellen. Ich sage absichtlich „die Psyche" und nicht „ich", um damit auszudrücken, dass sich diese Vorgänge meist im Unbewussten abspielen. Die sogenannten Konsistenztheorien besagen, dass der Mensch die Neigung hat, im Wahrnehmen, Denken, Erkennen, Erinnern und in seinem Verhalten Widersprüche zu vermeiden und Ausgeglichenheit, Balance, Verträglichkeit, Harmonie herzustellen oder beizubehalten. Konsistent zu sein bedeutet, sich in innerer Balance zu befinden und frei von Widersprüchen und Spannungen zu sein. Dissonanz wird als unangenehm erlebt und daher möglichst vermieden. Beim Raucher in unserem Beispiel kann Konsonanz dadurch erreicht wer-

✎ **Randnotiz: Harmonie kann auch nerven**

Zustände der Dissonanz werden als unangenehm erlebt. Doch in der Psychologie gibt es kaum eine Regel ohne Ausnahme – und das gilt auch in diesem Fall. Ständige Harmonie kann auch ganz schön nerven, denn sie hemmt die Aktivität und fördert die Langeweile. In Untersuchungen konnte festgestellt werden, dass es nach langen Phasen der Harmonie zu einem Sättigungseffekt kommt und dann kontroverse Meinungen und dissonante Erlebnisse nicht mehr als unangenehm eingeschätzt werden. Nach einigen Filmen von Rosamunde Pilcher darf es vielleicht doch eher ein Actionfilm sein. Und ständig von Jasagern umgeben zu sein ist wenig herausfordernd und langweilig, sodass Sehnsucht nach Widerspruch aufkommt.

den, dass die gesundheitsschädigende Wirkung des Rauchens heruntergespielt wird: „Ja, ich weiß, Rauchen ist ungesund, aber ich treibe Sport und ernähre mich bewusst. Da gleicht sich das wieder aus" oder „Ich habe gute Gene. Mein Großvater hat auch geraucht und wurde über neunzig." Oder man wertet das Rauchen auf: „Die Zigarette verschafft mir Entspannung in stressigen Situationen. Es ist doch besser, ich bin ein ausgeglichener Raucher als ein grantiger Nichtraucher."

Ich hatte ja so recht

Unser Leben läuft meist in eingeschliffenen Bahnen dahin, doch hin und wieder sind große oder kleine, wichtige oder unwichtige Entscheidungen notwendig: Welches TV-Programm schauen wir uns an? Wohin fahren wir auf Urlaub? Für welche Ausbildung entscheide ich mich? Und so weiter. Mit solchen Situationen beschäftigt sich die sogenannte Dissonanztheorie von Leon Festinger. Dieser amerikanische Psychologe hatte besonders die Harmonisierungsprozesse im Auge, die nach Entscheidungen ablaufen. Immer wenn wir aus mehreren Möglichkeiten eine gewählt haben, entsteht Dissonanz, Dissonanz zwischen der gewählten Alternative und den ausgeschlagenen Möglichkeiten. Wenn eine der Optionen deutlich mehr Vorteile oder weniger Nachteile hat als die anderen, ist die Entscheidung eine leichte Übung und es wird kaum ein Gefühl der Dissonanz auftreten. Schwierig wird es für die Psyche, wenn zwei Alternativen gleich attraktiv oder unattraktiv sind. Eigentlich müsste man annehmen, dass die Entscheidung in einem solchen Fall besonders leicht fällt, da ja nach eigener Einschätzung beide Möglichkeiten gleichwertig sind und man daher kaum einen Fehler machen kann. So ist es aber nicht, denn man hat, wenn die Wahl schließlich getroffen wurde, eine Alternative ausgeschlossen, die beinahe so attraktiv ist wie die gewählte. Und das kann den zermürbenden Gedanken nähren: „Hätte ich mich doch anders entschieden …" Solche Überlegungen stören den Seelenfrieden und sind daher möglichst zu vermeiden. An diesem Punkt setzen die automatischen Harmonisierungsmechanismen der Psyche an, die bei den meisten Menschen zufriedenstellend funktionieren. Ganz ohne unser bewusstes Zutun werden Prozesse in Gang gesetzt, die die getroffene Entscheidung im Nachhinein unterstützen und rechtfertigen. Wie das geschieht? Dafür hat die Psyche eine Reihe von „Tricks" auf Lager: Sie wertet die gewählte Alternative auf und die nicht gewählte ab, sie sucht gezielt nach Bestätigung und meidet widersprechende Informationen, Überbringer dissonanter Botschaften werden als unglaubwürdig eingeschätzt, Erinnerungen an konträre Erfahrungen werden abgeschwächt, verändert oder verdrängt und so weiter. Wenn Sie sich zum Beispiel nach langem Ringen dazu entschlossen haben, eine Beziehung zu beenden, werden Sie merken, dass sich von diesem Moment an das Bild Ihres Partners/Ihrer Partnerin zu verändern beginnt. Die weniger sympathischen Seiten treten deutlicher hervor, die angenehmen verblassen hingegen zusehends. Sie suchen den Kontakt zu Bekannten, die immer schon der Meinung waren, dass es nicht der/die Richtige für Sie ist und Sie meiden solche Freundinnen und Freunde, die Sie in Ihrem Entschluss schwanken lassen könnten. Schließlich werden Sie beruhigt sagen: „Ich hatte ja so recht mit dieser Entscheidung, ich hätte sie schon früher treffen sollen."

Auch bei unseren Kaufentscheidungen funktionieren diese Harmonisierungsprozesse in aller Regel. Untersuchungen zeigen zum Beispiel, dass Menschen, wenn sie beabsichtigen, ein Auto zu kaufen, Informationen über verschiedene Marken und Modelle einholen, die für sie in Frage kommen. Ist die

Entscheidung jedoch gefallen, wird ihre Aufmerksamkeit auf die Werbung für das von ihnen gewählte Vehikel eingeengt, denn dort erfahren sie mit größter Wahrscheinlichkeit nur Positives über dieses Produkt. Und das bestätigt ihre Wahl.

⏰ VORSICHT, FALLE!

Kehren wir zum Beispiel der Beendigung einer Beziehung zurück. Es ist für die Psyche sicherlich von großem Vorteil, zu einer schwierigen Entscheidung stehen zu können und wenig Dissonanz zu verspüren. Doch die Konsonanz wird um den Preis hergestellt, die nicht gewählte Alternative abzuwerten. Damit wird, um der Harmonie willen, die Chance vertan, die positiven Seiten der aufgelösten Partnerschaft wertzuschätzen. Und die gibt es sicherlich. Doch das könnte man nur, wenn man die Wehmut, die man bei der Erinnerung an die gemeinsamen schönen Erlebnisse verspürt, ertragen und dennoch zu seiner Entscheidung stehen könnte. Die Bereitschaft, eine Dissonanz auch einmal auszuhalten und nicht gleich in die Harmoniefalle zu tappen, wäre die notwendige Voraussetzung dafür, auch die nicht gewählte Alternative im richtigen Licht zu sehen und nicht abzuwerten. Dann könnte man mit Johann Wolfgang von Goethe sagen: „Wir haben uns aneinander geirrt, es war eine schöne Zeit." Doch diese Fähigkeit ist den Menschen nicht in gleichem Maße gegeben. Für die meisten ist es offensichtlich einfacher, im Nachhinein die ausgeschlagene Alternative dunkelgrau einzufärben, um so Konsonanz mit der getroffenen Entscheidung herzustellen.

Und wo bleibt das „Klick"?

Bei manchen Menschen bleibt nach einer getroffenen Entscheidung das ihre Wahl bestätigende „Klick" aus. Ihnen fallen stattdessen in dieser Situation alle positiven Aspekte der nicht gewählten Alternative ein. Hat sie sich für Paul entschieden, träumt sie von Gert; hat er einen Kombi gekauft, tut es ihm leid, nicht den Traum vom Sportwagen realisiert zu haben. Ein sicheres Rezept zum Unglücklichsein. Menschen mit einer solchen Neigung trauern ständig entgangenen Möglichkeiten nach, statt sich über die bestehenden zu freuen und etwas daraus zu machen. Ihr Dilemma beginnt bereits am Morgen. Sie ziehen ein Kleidungsstück an, das ihnen leider nicht so vorteilhaft erscheint wie dasjenige, das sie nach langem Überlegen doch nicht gekauft haben. Sie verabschieden sich von einem Partner/einer Partnerin, der/die die schlechtere Wahl war. Sie steigen in ein Auto, das ihnen nicht so gut gefällt wie der tolle Wagen, für den sie sich nicht entscheiden konnten. Und sie haben einen Job, der leider nicht so befriedigend ist, wie der, den sie abgelehnt haben. Was läuft bei solchen Personen schief? Gilt die Dissonanztheorie für sie nicht? Vermutlich wird bei ihnen die Tendenz zur Konsonanz von einem Zustand überlagert, der in der Psychologie als Reaktanz bezeichnet wird (siehe Infokasten). Diese kann auftreten, wenn Handlungsmöglichkeiten verwehrt werden. Vor einer Entscheidung stehen immer mehrere Möglichkeiten offen, hat man jedoch die Wahl einmal getroffen, fallen diese mit Ausnahme der gewählten weg. Sofern die Entscheidung nicht rückgängig gemacht werden kann, steht man plötzlich ohne Handlungsalternative da. Bevor Sie Ihr nächstes Urlaubsziel gewählt haben, steht Ihnen, abgesehen von finanziellen Einschränkungen, die Welt offen. Doch wenn Sie die Entscheidung getroffen haben, schrumpfen Ihre Möglichkeiten auf eine einzige. In solchen Situationen reagieren Individuen sehr unterschiedlich. Die einen verhalten sich wie der Fuchs in der Fabel, dem die Trauben zu hoch hängen, sodass er sie nicht erreichen kann. Er findet, dass sie ohnehin zu sauer seien und trabt in innerer Balance von dannen. Anderen erscheinen gerade diese Früchte besonders süß und sie reagieren auf eine solche Situation mit einem „Jetzt erst recht". Schon im Alten Testament wird über einen derartigen Fall berichtet. Adam und Eva wurde der Genuss der Früchte eines bestimmten Baumes untersagt. Doch gerade die hatten es Eva angetan, obwohl genügend andere zur Verfügung gestanden hätten, und sie überredete Adam, davon zu probieren. Der Griff nach dem Apfel vom „Baum der Erkenntnis" war Ausdruck der Unzufriedenheit mit dem zur Verfügung stehenden Obst, und diese veranlasste Eva zum Handeln. Die Folge ihres Ungehorsams kennen Sie: die Vertreibung aus dem Paradies.

Ein etwas profaneres Beispiel: Stellen Sie sich vor, sie wären in einem Geschäft, um einen Pulli zu erstehen, und Sie hätten die Wahl auf zwei Modelle eingeschränkt. Da eröffnet Ihnen die Verkäuferin, dass eines davon nicht mehr in Ihrer Größe vorrätig sei. Wie reagieren Sie? Sind Sie froh, dass Ihnen auf diese Art die Entscheidung erleichtert wurde und verlassen Sie das Geschäft gut gelaunt mit dem vorrätigen Modell? Oder interessiert Sie der vorhandene Pulli nun nicht mehr und Sie setzen Himmel und Hölle in Bewegung, um den, der nicht in Ihrer Größe lagernd ist, doch noch zu bekommen? Machen Sie es wie Adam

Kurz erklärt: Reaktanz

Reaktanz ist eine Abwehrreaktion gegen Einschränkungen. Wenn unsere Handlungsfreiheit bedroht ist, besteht nach dieser Theorie die Tendenz, sie zurückzuerobern. Die verwehrte Alternative wird aufgewertet und angestrebt, auch wenn sie vorher nicht sehr geschätzt wurde und andere Möglichkeiten zur Verfügung stünden.

und Eva und riskieren Sie die Vertreibung aus dem Paradies oder neigen Sie eher zum Verhalten des Fuchses, der im Ruf steht, schlau zu sein?

⏰ VORSICHT, FALLE!

....

Gehören Sie zu den Menschen, denen Dinge, die schwer zu erreichen sind, besonders erstrebenswert erscheinen? Das ist eine durchaus positive Eigenschaft, bedeutet sie doch, dass Sie bereit sind, für eine Sache zu kämpfen und nicht klein beizugeben. Die mögliche Falle besteht darin, dass Sie ständig schwer erreichbaren Dingen hinterherlaufen und dabei vergessen, die vorhandenen wertzuschätzen.

....

Was ist die bessere Strategie? Schwer zu sagen. Es kommt darauf an, ob Sie sich zutrauen, das Unmögliche doch noch möglich zu machen und notfalls mit dem Misserfolg, es nicht erreicht zu haben, umgehen zu können, oder ob Sie lieber Ihre Energie sparen und sich mit der verbliebenen Alternative zufriedengeben. In jedem Fall ist zu bedenken, dass Menschen, denen verwehrte oder schwer erreichbare Alternativen besonders attraktiv erscheinen, leicht zu manipulieren sind. Man muss ihnen nur die Trauben hoch hängen oder Dinge verknappen, für die sie sich eigentlich kaum interessieren, und schon hat man sie an der Angel. Das wissen auch die Online-Händler. Sie finden bei vielen Angeboten im Internet diesen oder einen ähnlichen Vermerk: „Nur noch 3 Exemplare vorhanden". Wie Recherchen zeigen, entsprechen diese Hinweise meist nicht den Tatsachen, sondern sollen Sie unter Druck setzen und Ihre Kaufentscheidung beschleunigen.

Wenn Sie das Interesse einer Person wecken wollen, kann es eine gute Strategie sein, sich rar zu machen. Aber Vorsicht.

Sie könnten an einen „Fuchs" geraten, der Sie in der Folge als „sauer" einschätzt und sich mit einem „Dann eben nicht" mit der verbliebenen Alternative zufriedengibt.

Beim Harmonisieren hört die Freundschaft auf

Schauen wir uns ein weiteres Beispiel dafür an, wie die Tendenz zur Konsistenz funktioniert. Nehmen wir an, zwei Freundinnen haben sich zerstritten und beide sind der Meinung, wie es ja häufig der Fall ist, die jeweils andere müsse sich entschuldigen. Nach einiger Zeit kommt tatsächlich eine der beiden auf die andere zu, um ihren Fehler einzuräumen. Wenn aber deren Harmonisierungsprozesse bereits abgelaufen sind, könnte sie wahrheitsgemäß erwidern: „Zu spät, meine Liebe. Ich habe mir dich schon schlecht gemacht. Und der Aufwand, meine Meinung nochmals zu ändern, ist mir zu groß."

Manchmal sind die Auswirkungen der Tendenz zur Konsistenz geradezu grotesk, wie das folgende fiktive Beispiel zeigt: Zwischen Frank und seinem Freund Gerhard ist es wegen einer an sich unbedeutenden Meinungsverschiedenheit zu einer Verstimmung gekommen. Kurz darauf trifft Frank einen gemeinsamen Bekannten und im ersten Ärger über Gerhard äußert er sich abfällig über ihn. In dieser Situation können Harmonisierungstendenzen auftreten, und zwar in folgender Form: Um die üble Nachrede vor sich selbst zu rechtfertigen und Konsonanz herzustellen, passt Frank seine Meinung über Gerhard seinen negativen Äußerungen an und die ehemals gute Freundschaft kühlt ab oder wird überhaupt beendet. Wenn Sie also eine Freundin oder einen Freund aus einer momentanen Verstimmung oder Verärgerung heraus bei einer anderen Person anschwärzen, besteht die Gefahr, dass Sie diese/n dafür auch noch „bestrafen", indem Sie sie/ ihn abwerten, um Ihre Einstellung Ihrem Verhalten anzugleichen und dieses so zu rechtfertigen. Wenn Sie das vermeiden wollen, empfiehlt es sich daher, unangenehme Erfahrungen mit einer befreundeten Person nicht brühwarm einem Dritten aufzutischen, denn sonst könnten Sie, um Harmonie zwischen Ihrem Verhalten und Ihrer Einstellung herzustellen, „gezwungen" sein, eine schlechte Meinung anzunehmen, die Sie eigentlich gar nicht im Sinn hatten, und eine an sich wertvolle Freundschaft wegen einer Lappalie aufs Spiel zu setzen.

Vielleicht finden Sie, dieses Beispiel sei ein wenig weit hergeholt. Ist es aber nicht. Folgt man der Logik der Konsistenzannahme, so müsste es möglich sein, bei einem Menschen die Meinung über eine Person, ein Ereignis oder einen Tatbestand dadurch zu ändern, dass man ihn dazu bringt, sich entgegen seiner Überzeugung positiv oder negativ darüber zu äußern, und dies möglichst öffentlich. Wenn man also eine Person über den grünen Klee lobt, auch wenn dies nicht ganz der eigenen Überzeugung entspricht, müsste sich die Einstellung ihr gegenüber verbessern – oder eben verschlechtern, wenn man über sie lästert.

Genau das konnten Leon Festinger und James M. Carlsmith (1959) empirisch nachweisen. Sie stellten sich die Frage: Was passiert mit der Meinung einer Person, wenn diese gezwungen wird, im Widerspruch dazu zu handeln oder sich zu äußern? Die Teilnehmer dieses Experiments erhielten die Aufgabe, andere zum Mitmachen bei einem „interessanten" Experiment zu überreden, von dem sie aber wussten, da sie selbst daran teilgenommen hatten, dass es in Wahrheit äußerst langweilig war. Bei den Testpersonen entstand somit ein Konflikt zwischen der Einschätzung des Experiments und ihren Überzeugungsversuchen. Das Ergebnis: Nach dem Überreden hielten die Testpersonen das Experiment tatsächlich für interessanter als eine Kontrollgruppe, die nicht versucht hatte, anderen das Experiment schmackhaft zu machen. Mit dieser Einstellungsänderung wurde die Dissonanz zwischen Einstellung und Verhalten verkleinert und die „Lüge" war plötzlich keine mehr.

Lohn der Angst

Festinger & Carlsmith konnten mit diesem Experiment einen weiteren Zusammenhang aufdecken, der von weitreichender Bedeutung ist. Sie stellten einer Hälfte der Testpersonen für ihre Teilnahme eine für die damalige Zeit (1959) beträchtliche Belohnung von 20 Dollar in Aussicht, die andere Hälfte musste sich mit einem Dollar zufriedengeben. Übrigens wurden die Teilnehmer, nachdem sie über den Zweck des Experiments aufgeklärt worden waren, ersucht, das Geld zurückzugeben, was auch alle taten. Es zeigte sich, dass der Einstellungswandel bei den großzügig entlohnten Testpersonen geringer war als bei den schlecht bezahlten. Auf den ersten Blick erscheint dieses Ergebnis unlogisch, da ja nach den Gesetzen der Lernpsychologie bei einem größeren finanziellen Anreiz eine stärkere Änderung zu erwarten gewesen wäre. Die Sache lief aber anders. Das Ergebnis kann so interpretiert werden, dass das Geld nicht als Anreiz zur Einstellungsänderung, sondern als Belohnung für das Ertragen der Dissonanz zwischen der Einschätzung des Experiments und der geschönten Darstellung aufgefasst wurde. So konnten sich die Personen, die einen höheren Betrag erhielten, selbst beruhigen: „Für so viel Geld kann man schon einmal etwas sagen, das nicht der eigenen Überzeugung entspricht" – und bei ihrer Meinung bleiben. Den anderen, die weniger bekamen, stand diese Begründung für ihr inkonsistentes Verhalten nicht zur Verfügung. Sie mussten, um Konsonanz herzustellen, die Meinung über das Experiment ihren Aussagen anpassen und es wohl oder übel interessant finden.

Ähnliche Prozesse können sich abspielen, wenn zum Beispiel jemand in einem Unternehmen arbeitet, dessen Geschäftspraktiken er ablehnt, aber derzeit keine Jobalternative hat. Ist die Bezahlung gut, kann er bei seiner moralischen Ablehnung bleiben. Das höhere Gehalt würde dann einen Bonus für das Ertragen der Dissonanz zwischen der Geringschätzung der Firma und dem Festhalten am Arbeitsplatz darstellen. Bei nur durchschnittlicher oder schlechter Bezahlung müsste er jedoch seine moralischen Standards senken und sie der unseriösen Firma anpassen. Oder kündigen.

Kehren wir zu unserem Beispiel des Rauchers zurück, der eigentlich gesundheitsbewusst leben möchte. Für ihn gibt es zwei Möglichkeiten, den Konflikt zwischen Einstellung und Verhalten aufzulösen. Eine besteht darin, dass er auf die Zigarette in Zukunft verzichtet. Ist er dazu nicht bereit oder nicht in der Lage, bleibt ihm die Möglichkeit, die Dissonanz zu verringern, indem er die gesundheitsschädigende Wirkung des Rauchens bagatellisiert und die Vorzüge des Nikotingenusses aufwertet. Das vorhin zitierte Forschungsergebnis von Festinger & Carlsmith weist jedoch auf eine weitere Alternative hin. Stellen Sie sich vor, der Raucher in unserem Beispiel würde an einem medizinischen Forschungsprogramm über die Wirkungen des Nikotingenusses teilnehmen und erhielte dafür ein Honorar. In diesem Fall könnte er bei seiner Gesundheitseinstellung bleiben und dennoch weiter zur Zigarette greifen, denn das Honorar dient ja nicht dazu, seine Einstellung zum Rauchen zu verändern, sondern dazu, ihn für das Ertragen der Dissonanz zu entschädigen. Er könnte sich sagen: „Ja, ich weiß, Rauchen schadet der Gesundheit, aber ich tue es nur, weil ich dafür bezahlt werde." Vielleicht würden seine gesundheitlichen Bedenken bei einem sehr hohen Honorar sogar noch verstärkt werden.

Mit diesem Modell werden Verhaltensweisen erklärbar, denen man sonst verständnislos gegenüberstünde. Dazu gibt es ein prominentes Beispiel aus der jüngsten Vergangenheit. Anfang 2014 wurde bekannt, dass Uli Hoeneß, der ehemalige Präsident des FC Bayern München, über Jahre Steuern für Gewinne aus Börsenspekulationen in der Höhe von 28,5 Millionen Euro hinterzogen hatte. Besonders „pikant" daran war, dass sich derselbe Hoeneß öffentlich für Steuerehrlichkeit starkgemacht und 2012 die Bayerische Staatsmedaille für soziale Verdienste erhalten hatte. Nach einer Selbstanzeige, die jedoch nicht rechtzeitig und unvollständig erfolgt war, wurde er am 13. März 2014 zu einer Freiheitsstrafe von dreieinhalb Jahren verurteilt. Man kann ohne allzu gewagte Spekulationen annehmen, dass Hoeneß die Dissonanz zwischen seiner Saubermann-Einstellung und seinem Verhalten bewusst war. Warum er diesen unangenehmen psychischen Zustand nicht durch eine rechtzeitige Selbstanzeige beendet hat? Vermutlich deshalb, weil ihn die ersparte Steuer für diesen seelischen Stress entschädigt hat. Sie war der Lohn für das Ertragen der Dissonanz, oder, um es mit dem Titel eines berühmten Clouzot-Films zu sagen: Sie war der „Lohn der Angst". Es klingt paradox, doch gerade die Höhe der hinterzogenen Beträge gab Uli Hoeneß die Möglichkeit, trotz seines strafbaren und unsozialen Verhaltens an seinem Selbstbild des integren und sozial vorbildlichen Bürgers festzuhalten.

Die Neigung, ein Verhalten, das belohnt wird, beizubehalten, ist nicht überraschend und wird durch die Lernpsychologie hinreichend erklärt. Für diesen Nachweis würden wir die Dissonanztheorie nicht brauchen. Diese erklärt jedoch, warum in einem solchen Fall trotz rechtlich und sozial zu verurteilenden Verhaltens das positive Selbstbild erhalten bleibt und sich die Einstellung nicht dem unseriösen Handeln annähert. Man sagt, Geld verderbe den Charakter. Wenn man die Ergebnisse des Experiments von Festinger & Carlsmith heranzieht, ist es noch weit schlimmer. Geld, das man als Bonus für ein Verhalten bekommt, das man eigentlich ablehnt, führt nicht dazu, die Einstellung dem bedenklichen Handeln anzugleichen, es wirkt vielmehr als Belohnung für das Ertragen der Dissonanz zwischen einer moralischen Attitüde und dem unehrenhaften Verhalten: „Ich bin ja eigentlich ein guter Mensch, doch für so viel Geld kann man schon einmal schwach werden und gegen die eigenen Grundsätze verstoßen."

⏰ VORSICHT, FALLE!

Wenn Einstellung und Handeln nicht zueinander passen, das Verhalten jedoch Vorteile bringt, kann das dazu führen, dass die Dissonanz aufrechterhalten wird, auch wenn dieser Zustand erheblichen psychischen Stress verursacht. Diese Situation stellt eine doppelte Falle, wenngleich keine Harmoniefalle dar. Das Ertragen der Dissonanz ist nicht bloß unangenehm, es bedeutet auch eine konkrete gesundheitliche Gefährdung. Außerdem kann es passieren, dass der „Gewinn" aus dem bedenklichen Verhalten die Schäden, die es verursacht, bei Weitem nicht aufwiegt. Es wäre interessant zu erfahren, welchen Betrag Uli Hoeneß zu zahlen bereit wäre, um die ganze Sache ungeschehen zu machen.

„Wenn wir uns stark verwandeln, dann werden unsere Freunde,
die nicht verwandelten, zu Gespenstern unserer eigenen
Vergangenheit."
Friedrich Nietzsche

Harmonie statt Veränderung?

Trügerische Harmonie

Die Tendenz zur Konsonanz wirkt nicht nur nach Entscheidungen, damit diese im Nachhinein gerechtfertigt werden. Sie
wirkt auch, und das kann eine Falle darstellen, um Harmonie
vorzugaukeln und notwendige Verhaltensänderungen zu verhindern.

In meiner Tätigkeit als Verkehrspsychologe führte ich
Trainings für Kraftfahrer durch, die die Lenkberechtigung
wegen Fahrens in alkoholisiertem Zustand verloren hatten.
Die Eigenart dieser Klientel besteht darin, dass sie in aller
Regel mit ihrem Trinkverhalten recht zufrieden und in ihrer
sozialen Umgebung damit durchaus angepasst ist. Von dort
kamen daher höchst selten Änderungsimpulse. Alles wäre in
schönster Harmonie, würde die Behörde nicht darauf bestehen, dass Trinken und Fahren getrennt werden müssen. Mit
Beruhigungspillen wie: „Ich bin schon oft in einem solchen
Zustand gefahren, und es ist noch nie etwas passiert", „Meine
Freunde machen es auch nicht anders", oder „Ich habe eine
so tolle Reaktionsfähigkeit, dass ich auch noch in angeheiter-
tem Zustand sicher fahren kann" wird die Illusion aufrechterhalten, man könne doch beides tun, trinken und fahren.
Voraussetzung für eine Änderungsbereitschaft ist jedoch die

Einsicht, dass ein Konflikt zwischen zwei Kognitionen besteht, hier zwischen dem Trinkverhalten und dem Wunsch, ein Auto zu lenken. Doch gerade diese Einsicht wird durch Harmonisierungsprozesse verhindert.

Eine Spielwiese gelungener oder auch trügerischer Harmonisierung sind Paarbeziehungen. Für das längerfristige Beziehungsglück ist es wesentlich, dass Paare mit ähnlichen Vorstellungen, wie dieser Zustand erreicht oder bewahrt werden kann, in ihr gemeinsames Leben starten. Man kann sich leicht ausmalen, dass Probleme in der Beziehung auftreten werden, wenn etwa der Wunsch, viel Zeit miteinander zu verbringen, auf das Bedürfnis trifft, möglichst viel Freiraum zu haben. Doch es kommt nicht nur darauf an, ob es Differenzen in den Beziehungskonzepten gibt, sondern auch darauf, wie man damit umgeht. Untersuchungen zeigen, dass es dabei deutliche Geschlechtsunterschiede gibt. Männer tendieren dazu, über solche Differenzen hinwegzusehen. Man könnte auch sagen, dass sie versuchen, widersprüchliche Auffassungen zu harmonisieren und die Überzeugung aufrechtzuerhalten: „Wir führen eine glückliche Ehe", auch wenn es unter der Oberfläche bereits erhebliche Spannungen gibt. Manche Autoren sprechen den Männern wegen deren Harmonisierungstendenzen überhaupt die Fähigkeit ab, als Barometer für die Beziehungszufriedenheit zu fungieren. Das trauen sie schon eher Frauen zu, denen sie eine pragmatischere und weniger romantische Sicht auf ihre Zweisamkeit attestieren (siehe Hassebrauck, S. 191).

Männer tendieren also dazu, unterschiedliche Auffassungen (und auch tatsächliche Umsetzungen) von Partnerschaft zu retuschieren, während Frauen eher bereit sind, vorhandene Konflikte zu sehen und die Konsequenzen daraus zu ziehen. Und so kommt es, dass Männer häufig aus allen selbstgebastelten Wolken fallen, wenn ihnen die Partnerin eröffnet, die

Beziehung auflösen zu wollen. Mittlerweile werden mehr als die Hälfte der Scheidungen von Frauen eingereicht.

Diese bevorzugt von Männern praktizierten Harmonisierungstendenzen können durchaus geeignet sein, eine Krise „auszusitzen". Meist führen sie jedoch dazu, dass ein unbefriedigender Zustand aufrechterhalten und eine notwendige Entscheidung auf den Sankt-Nimmerleins-Tag verschoben wird. Es sei denn, sie oder er verlässt die Harmoniezone und führt eine Veränderung der Situation herbei. Diese kann in einem neuen Beziehungskonzept oder auch in der Trennung bestehen.

Von Golfpros lernen?

Mein Golfpro meinte einmal in einem Gespräch, ich solle ihn nicht erst aufsuchen, wenn der Schwung „aus dem Ruder" gelaufen sei und nichts mehr zusammenpasse, sondern bereits dann, wenn die Bewegung schon einige Zeit zufriedenstellend funktioniert habe. Dieser auf den ersten Blick sinnfreie und bestenfalls umsatzfördernde Tipp ist bei näherer Betrachtung durchaus wertvoll. In jede Bewegung schleichen sich im Laufe der Betätigung kleine Fehler ein. Meist geschieht dies dadurch, dass der Körper von sich aus ein „Schonprogramm" laufen lässt, das darauf abzielt, mit möglichst geringem Aufwand annähernd das gleiche Ergebnis zu erzielen: Körperdrehungen, die auf Widerstand stoßen oder ein wenig schmerzen, werden reduziert, alte, bereits überwunden geglaubte Bewegungsmuster kehren zurück, der Krafteinsatz wird verringert, die Aufmerksamkeit sinkt ab, da die Bewegung „wie von selbst" funktioniert und so weiter. Das kommt zunächst durchaus der Qualität der Bewegung zugute; sie wirkt runder und harmonischer. Doch im weiteren Verlauf übernehmen

Muskelgruppen, die sich lieber heraushalten sollten, einen Teil der Arbeit und kompensieren auf diese Weise aufgetretene Mängel. Wenn zum Beispiel die Schulterrotation zu gering ausfällt, wird der Armeinsatz verstärkt. Ein Fall von trügerischer Harmonie, der eine Weile ganz gut funktioniert, bis irgendwann dieses Kompensationsmodell zusammenbricht. „Das gibt es doch nicht", klagen Golfer in solchen Situationen häufig, „gestern hat es sich doch noch so gut angefühlt!"

Was könnte es nützen, wenn sich ein erfahrener Golfpro den Schwung anschaut, solange er noch ganz gut funktioniert? Er kann sehen, welche Ausgleichsbewegungen und welcher falsche Muskeleinsatz bereits notwendig sind, um ein einigermaßen zufriedenstellendes Ergebnis zu erzielen. Eine frühe Analyse und Korrektur können einen totalen Einbruch des Schwunges verhindern. Außerdem kann der Golfpro erkennen, zu welchen bevorzugten Kompensationsmöglichkeiten der Schüler tendiert.

Sie sind kein Golfer? Macht nichts. Nach demselben Modell funktionieren zum Beispiel auch Paarbeziehungen. Das Schonprogramm läuft auch hier. Kleine Aufmerksamkeiten, Geschenke ohne besonderen Anlass, Komplimente und Anerkennung der Leistungen des/der anderen, gemeinsam verbrachte Zeit, das Wahrnehmen des Gefühlszustands der Partnerin/ des Partners, das Ausdiskutieren von Unstimmigkeiten und anderes wird sukzessive zurückgefahren. Es geht ja auch ohne. Wozu die Zuneigung beteuern, man liebt sich doch ohnehin. Warum lange herumquatschen, man versteht sich doch blind. Und stumm. Kostspielige, aber seltene Geschenke, vermehrtes Engagement im Beruf, ausuferndes Konsumverhalten, Rückkehr zu alten Verhaltensgewohnheiten halten die Beziehung zumindest nach außen hin noch einige Zeit am Laufen, bis eine Krise durch eine Krankheit, Jobprobleme oder einen Seitensprung deutlich macht, dass eine echte partnerschaftliche

Beziehung schon länger nicht mehr besteht. Ein Check zu einem Zeitpunkt, an dem die Beziehung noch zufriedenstellend funktioniert, kann möglicherweise Schlimmes verhindern.

⏰ VORSICHT, FALLE!

Harmonie ist ein angenehmer Zustand, den man möglichst lange aufrechterhalten möchte und der die beruhigende Botschaft sendet: „Alles O.K., keine Veränderung nötig." Doch dieses Signal kann trügerisch sein. Dann nämlich, wenn zur Wahrung der Balance trotz objektiv bestehender Konflikte aufwendige Harmonisierungsprozesse wie Verdrängung, Verfälschen von Fakten und so weiter notwendig sind. Der untreue Ehemann zum Beispiel leugnet die Dissonanz zwischen dem Versprechen, das er seiner Gattin gegeben hat und seinen außerehelichen Abenteuern und versucht, diesen „Spagat" durch Argumente wie: „Ich sorge doch gut für meine Familie", „Die andere bedeutet mir in Wahrheit doch gar nichts" oder „Männer brauchen das eben" zu schaffen.

Vielleicht befinden Sie sich selbst gerade in einer Falle und gaukeln sich durch aufwendige Glättungsprozesse Harmonie vor, obwohl längst Entscheidungen zur Veränderung der Situation notwendig wären. Doch diese würden das Eingeständnis von Dissonanz und eine Kraftanstrengung erfordern. Es ist für Betroffene sehr schwer, einen Zustand trügerischer Harmonie zu erkennen, da meist nur das geschönte Bild ins Bewusstsein gelangt. Ich bin daher auch nicht in der Lage, eine Anleitung zu geben, wie Sie es vermeiden können, in diese Falle zu tappen. Nur so viel: Diese Gefahr besteht umso eher, je ausgeprägter das Harmoniebedürfnis und je größer die Angst vor Veränderungen ist.

Harmonie hilft den Entschlossenen

Die Tendenz zur Konsistenz kann, wie wir gesehen haben, eine Falle darstellen und sich als Hemmschuh für dringend nötige Entscheidungen erweisen. Doch Harmonisierungsprozesse können auch helfen, eine Verhaltensänderung zu unterstützen. Hier ein Beispiel: Bei Robert war es jahrzehntelang gut gegangen. Zwar tauchten bei ihm gelegentlich Bedenken auf, ob das Rauchen mit seiner Einstellung, gesund leben zu wollen, vereinbar sei, doch es gelang ihm immer wieder, sich zu beruhigen und Konsonanz herzustellen. Als der Arzt bei der Gesundenuntersuchung das Thema ansprach und Robert beim Sport die Luft ausging, war er so weit. Er akzeptierte, dass zwischen gesundheitsbewusstem Leben und Rauchen eben doch ein Widerspruch besteht und beschloss, auf die geliebte Zigarette in Zukunft zu verzichten. An diesem Punkt können nun Harmonisierungsprozesse ansetzen, die das neue Verhalten stabilisieren. Die Voraussetzung dafür ist allerdings, dass der Entschluss, das Rauchen aufzugeben, wirklich stark ist und nicht nur eine „Absichtserklärung", über die man noch verhandeln kann. In diesem Fall werden die Einstellungen mit dem neuen Verhalten, nicht zu rauchen, harmonisiert und Überzeugungen wie „Ich erspare mir viel Geld, das ich sinnvoller verwenden kann" oder „Ich tue meinem Körper etwas Gutes" gewinnen an Bedeutung. Auf diese Weise können die Harmonisierungstendenzen die Verhaltensänderung unterstützen. Die Voraussetzung dafür ist allerdings, ich betone es nochmals, ein wirklich unumstößlicher Entschluss.

Jede Veränderung von Einstellungen oder Lebensgewohnheiten verlangt, einen manchmal nur vermeintlich vorhandenen Zustand der Balance aufzugeben, die bestehende Dissonanz wahrzunehmen und schließlich eine neue Harmonie herzustellen, denn nur dann bleibt das neue Verhalten auch stabil. In Bezug auf das Beispiel des Rauchens bedeutet das: Zunächst „hilft" die Harmonisierungstendenz dabei, die Illusion aufrechtzuerhalten, man könne gesundes Leben und Rauchen vereinbaren. Mit mehr oder minder überzeugenden Selbstinstruktionen oder durch schlichte Verdrängung wird diese Überzeugung aufrechterhalten. Erst mit dem Wahrnehmen des Konflikts und dem Akzeptieren, dass nicht beides möglich ist, wird ein Entschluss zur Auflösung der Dissonanz notwendig: weiter rauchen und gesundheitliche Risiken auf sich nehmen oder gesund leben und das Rauchen aufgeben. Merkt die Psyche, dass es mit dem Vorsatz wirklich ernst ist, werden Einstellungen verstärkt, die das Verhalten unterstützen.

Den Prozess kann man so veranschaulichen:
- (Trügerische) Harmonie;
- Wahrnehmen und Akzeptieren des Konflikts;
- Änderung der äußeren Umstände (z. B. Kündigung, Trennung, Berufswechsel usw.), der eigenen Einstellung oder des eigenen Verhaltens (z. B. Rauchentwöhnung, Alkoholabstinenz);
- neuer stabiler Zustand der Balance.

Veränderungen stören die Harmonie

Inkonsistente Menschen haben ein schlechtes Image. Man wirft ihnen vor, mit gespaltener Zunge zu sprechen, unverlässlich, verwirrt oder gar geisteskrank zu sein. Konsistente Zeitgenossen gelten hingegen als logisch, vernünftig, stabil und ehrlich. Wer möchte nicht zu letzterer Kategorie gehören? Konsistenz in den Meinungen, Werthaltungen und Verhaltensweisen streben wir nicht nur für uns selbst an, wir verlangen sie auch von unseren Mitmenschen. Sie stellt einen hohen Wert in der Gesellschaft dar. Menschen werden dadurch berechenbar, man weiß, was man von ihnen erwarten kann und was nicht. Es fällt uns dadurch leichter, uns auf sie einzustellen. Selbst mit ihren Schwächen kann man gut leben, wenn diese „verlässlich" auftreten. Die Freundin, die immer zu spät kommt, ist leicht einzuschätzen und auf ihre Art pünktlich. Schlimmer ist es, wenn sie einmal zeitgerecht und dann wieder verspätet kommt. Wir wollen uns auf unsere Mitmenschen verlassen und sie in ihrem Verhalten berechnen können. Wir fordern von ihnen daher Konsistenz. Diese wird aber auch von uns verlangt. Doch der Anspruch unserer sozialen Umgebung, dass wir gefälligst konsistent sein sollen, hat einen wesentlichen Nachteil: Er macht es uns in der Regel schwer, uns zu ändern. Denn wenn wir das tun, sind wir für die anderen nicht mehr berechenbar, es entsteht Dissonanz zwischen unserem Verhalten und dem Bild, das sie von uns haben. Und das irritiert sie.

Familientherapeuten können ein Lied davon singen. Wenn sich ein Familienmitglied ändert, müssen das notgedrungen auch alle anderen tun, und dagegen wehren sie sich. Die gut eingeübten Rollenbilder passen mit einem Mal nicht mehr und müssen neu definiert werden. Das schafft Unsicherheit und Ängste und erfordert einen Energieaufwand, den man sich lieber ersparen möchte. Aus diesem Grund werden oft Zustände aufrechterhalten, die zwar nicht wirklich befriedigend sind, mit denen man sich aber arrangiert hat. Das bekannte Unglück ist uns manchmal lieber, als ein mögliches, aber unbekanntes Glück.

Nehmen wir als Beispiel eine Familie, bestehend aus Vater, Mutter und zwei Töchtern im Alter von 20 und 22 Jahren, Angelika und Barbara. Die eine ist attraktiv und hat einen festen Freund, die andere ist etwas pummelig. Angelika ist der Augenstern des Vaters und wie er sehr sportlich und gesellig.

Barbara gleicht schon im Äußeren eher der Mutter und die beiden haben auch gemeinsame Interessen und Ansichten. Barbara ist zwar etwas unglücklich über ihr unvorteilhaftes Aussehen und beneidet ihre umworbene Schwester, doch außer gelegentlichen Sticheleien wegen ihrer fülligen Figur ist das familiäre Zusammenleben recht harmonisch. Da verliebt sich Barbara in einen Arbeitskollegen und beschließt abzunehmen. Zunächst sind die Familienmitglieder über diesen Entschluss erfreut, doch die Begeisterung legt sich rasch. Die Eltern und die Schwester von Barbara merken bald, dass sich für sie einiges ändert, und das kommt ihnen gar nicht gelegen. Es geht nicht bloß um ein paar Pfunde weniger. Die Mutter befürchtet, dass ein Erfolg der Diät bei ihrem Gatten dumme Gedanken und stumme Vorwürfe wecken könnte, sie solle doch auch etwas für ihre Figur tun. Der Vater anerkennt die Entscheidung von Barbara, steht aber nun vor der Aufgabe, seine Zuwendung zu den Töchtern neu zu ordnen, ohne Angelika zu kränken. Diese hat am meisten zu verlieren, denn es erwächst ihr unerwartete Konkurrenz um die Zuneigung des Vaters und möglicherweise auch um die Gunst von Freundinnen und Freunden. Barbara braucht sich also nicht zu wundern, wenn die Familie über ein Scheitern ihres Diätplans nicht unglücklich wäre und die Familienstruktur bliebe, wie sie ist. Für sie stellt sich die Frage, ob sie nicht um des häuslichen Friedens willen auf das Abnehmen und damit möglicherweise auf das Glück mit ihrem Freund verzichten soll. Veränderung bedeutet eben, eine bestehende Harmonie aufzugeben, um möglicherweise eine neue zu finden. Aber dafür gibt es meist keine Garantie.

Veränderungen, die unser eigenes Leben betreffen, haben meist auch Auswirkungen auf andere Personen. Und diese haben häufig ein Interesse daran, den bestehenden Zustand aufrechtzuerhalten. Wir können daher in der Regel nicht damit rechnen, dass uns die anderen bei einem solchen Lernprozess unterstützen. Im Extremfall kann es sogar notwendig sein, die soziale Umgebung zu wechseln, wenn uns die bisherige keine Chance gibt, das Leben anders zu gestalten.

Und wie ist es in den Gruppen, in denen Sie sich häufig bewegen? Lassen diese Veränderungen zu oder halten sie die Mitglieder in ihren angestammten Rollen fest? Und wie verhalten Sie sich, wenn jemand in Ihrer Umgebung sich ändern möchte? Unterstützen Sie solche Personen oder neigen Sie dazu, am gegenwärtigen Zustand festzuhalten?

Individualität im Internet?

Ihre Mitmenschen sind also in aller Regel nicht an Ihrer Individualität, Ihrer Vielfalt, Widersprüchlichkeit und Wandlungsfähigkeit, sondern an Ihrer Zuverlässigkeit und Berechenbarkeit interessiert. Doch wie ist es im Internet, dieser komplexen Abbildung der Welt mit ihren schier unbegrenzten Möglichkeiten? Auch dort ist es nicht anders als in der realen Welt. Dafür sorgen die eingebauten Systeme der Datenverknüpfung. Sie haben heutzutage so gut wie keine Chance, keine Spuren im Netz zu hinterlassen. Dafür ist es nicht notwendig, dass Sie Ihre Botschaften via Facebook, Twitter oder Instagram ausstreuen. Es genügt, dass Sie mit einem Handy telefonieren, eine Plastikkarte benützen, googeln oder Mails versenden.

„Würde nur ein einziger der vorgenannten Internetkonzerne (gemeint sind Google, Amazon & Co., Anm.) seine gesammelten Daten über eine beliebige Person an diese aushändigen, sie wäre schockiert und fassungslos, was dem großen Staubsauger der Vergangenheit über die Jahre so alles anvertraut wurde", meint der Publizist und E-Commerce-Experte Roman Koidl (S. 30).

Eine der Verwendungsmöglichkeiten dieser riesigen Datenmengen besteht darin, das Verhalten von Konsumenten vorauszusagen. Das ist für Werbeunternehmen und Firmen, die Waren oder Dienstleistungen anbieten, von Interesse. Dabei möchten diese so effizient wie möglich vorgehen und Sie als potenziellen Kunden nicht mit einer Flut von Angeboten überhäufen, sondern Ihnen ganz gezielt das anbieten, was Sie mit großer Wahrscheinlichkeit auch kaufen werden. Dafür wird Ihrer möglichen Kaufentscheidung Ihr bisheriges Konsumverhalten zugrunde gelegt. Aber nicht nur das. Mit mathematischen Modellen, sogenannten Algorithmen, wird berechnet, wie sich andere Personen mit einem ähnlichen Profil in einer solchen Situation verhalten haben, und das wird dann auf Sie umgelegt. Es ist etwa so, als würde die Verkäuferin in einem Modegeschäft, in dem Sie bevorzugt einkaufen, Sie schon jahrzehntelang kennen, Ihre bisherigen Käufe genau in Erinnerung haben und Ihnen aufgrund dieser Daten und eines Vergleichs mit den Kaufentscheidungen von Kunden, die einen ähnlichen Modegeschmack haben wie Sie, eine Empfehlung geben. Das alles kann auch das Internet, nur mit dem Unterschied, dass ihm ein wesentlich größerer Datenpool zur Verfügung steht. Die angesprochenen Algorithmen können noch viel mehr, als nur eine Kaufentscheidung aufgrund bisheriger Ereignisse vorauszusagen. Ein auf den ersten Blick mysteriös anmutender Fall ging durch die Medien: Die Kundin einer Drogeriemarktkette erhielt von dieser die Einladung zu einem Gewinnspiel für Schwangere. Darüber war sie einigermaßen verblüfft, denn sie wusste nichts davon, in anderen Umständen zu sein. Ihre Verblüffung wandelte sich in ungläubiges Staunen, als sie von ihrem Gynäkologen die Bestätigung dafür erhielt. Wie war diese Voraussage möglich? Analysten hatten festgestellt, dass sich das Kaufverhalten von Frauen in 25 Produktkategorien ändert, sobald sie schwanger sind. Sie beginnen zum Beispiel, unparfümierte Körperlotionen zu verwenden und sich anders zu ernähren. Der gegenständliche Fall ist deshalb so spektakulär, weil der Kundin selbst die Schwangerschaft nicht bewusst war, ihr Körper beziehungsweise ihr Unbewusstes jedoch das Kaufverhalten beeinflusste und so die verräterischen Informationen ausstreute. Der Körper plauderte somit etwas aus, das seine Inhaberin noch nicht wusste.

Was soll an dieser Art der Datenverarbeitung im Netz schlecht sein, wenn sie dazu führt, dass Sie Angebote erhalten, die auf Sie zugeschnitten sind? Entscheidungshilfen sind uns doch immer willkommen. Zu einer Verkäuferin wie im obigen Beispiel würden Sie doch sicherlich gerne gehen. Eine Win-win-Situation, bei der beide annehmen, profitieren zu können, das Unternehmen, das mit höherer Wahrscheinlichkeit Ihren Kaufwunsch trifft und Sie, weil Ihnen im Chaos der Angebote eine Entscheidungshilfe gegeben wird. Wo ist die Falle? Das Internet erstellt Prognosen für Ihre künftigen Kaufentscheidungen. Das machen diese Systeme auf der Basis Ihres bisherigen Verhaltens. Je mehr Informationen darüber vorhanden sind, desto genauere Voraussagen und desto effizientere Werbung werden möglich. Und genau da sitzt der Haken. Sie bekommen immer nur die Angebote, die zu Ihrer Vergangenheit passen. Die stillschweigende Voraussetzung für das Funktionieren dieser Systeme besteht darin, dass Sie konsistent sind. Dass Ihre Gewohnheiten gleich bleiben, dass

Ihre Gegenwart die Fortsetzung der Vergangenheit ist und dass Sie sich in einer Situation gleich verhalten wie Personen mit einer ähnlichen Geschichte. Eine Verbreiterung Ihrer Interessen und eine Förderung Ihrer Spontaneität sind darin nicht vorgesehen. Wenn Sie sich zum Beispiel auf einem Internetportal über Reisen in das südliche Europa informiert haben, werden Sie Angebote erhalten, die genau darauf abgestimmt sind. Sie werden keine Nachricht bekommen, etwa mit dem Inhalt: „Wie wäre es zur Abwechslung einmal mit einer Reise nach Skandinavien?" Das wäre eine Anregung, Ihren Erfahrungsschatz zu erweitern und etwas Neues zu probieren. Doch solche Botschaften bekommen Sie von den Internetsystemen nicht. Diese wären zu „teuer", da sie mit großer Wahrscheinlichkeit nicht zur Buchung führen. Da ist es erfolgversprechender, Andalusien, Korsika oder die Algarve anzubieten.

Durch die Systeme im Internet können Personen zwar ganz individuell angesprochen werden, doch diese Form der Adressierung bewirkt beim Empfänger das Gegenteil von Individualität. Diese würde sich durch Breite und Vielfalt der Angebote entwickeln, nicht jedoch durch deren Einengung.

Auch für den bereits zitierten Roman Maria Koidl ist die Voraussage des Verhaltens durch Big Data (Massenspeicherung von Daten) keine harmlose Angelegenheit. „Unser Leben wird dadurch noch viel effizienter und wesentlich besser organisiert, aber auch ärmer an Impulsen, Anregungen, Sinnlosem, weil uns immer nur das präsentiert wird, was wir angeblich möchten." (Koidl, S. 67)

Stellen Sie sich vor, Sie wären in Ihren Kaufentscheidungen völlig auf das Internet angewiesen, für welches Kleidungsstück Sie sich entscheiden, wohin die Urlaubsreise gehen soll, welches Buch Sie lesen wollen. Sie könnten dann Ihren Modegeschmack, Ihre Urlaubs- und Lesegewohnheiten nur ändern, wenn dem Internetsystem ein Fehler unterliefe. Ein absurder Gedanke. Doch das Internet macht mit uns genau dasselbe, was die Gesellschaft mit Vorliebe tut: Es nagelt uns an unserem bisherigen Verhalten fest.

Man kann sich das Internet auch als eine riesige Lernmaschine vorstellen, die aufgrund der Daten, die Sie im Netz hinterlassen, immer präziser Ihre Bedürfnisse anspricht. Durch ständige Rückmeldung Ihrer Entscheidungen wird das System immer mehr perfektioniert. Ihre Spuren im Internet erzeugen so etwas wie eine virtuelle Person, einen sogenannten „Avatar". Dieser wird mit den Daten gefüttert, die Sie freiwillig oder unfreiwillig ins Netz senden, und nähert sich dadurch immer mehr Ihrer realen Identität an. Diese virtuelle Person ist der Ansprechpartner im Netz. An diese werden die Angebote gerichtet. Je mehr sich virtuelle und reale Person decken, desto zielgenauer sind die Kaufvorschläge. Man kann also sagen, dass unsere virtuelle Parallelidentität unsere Entscheidungen, wenn schon nicht trifft, so zumindest für uns vorbereitet.

Diese Vorstellung mag etwas verstörend wirken, doch wie treffen wir denn üblicherweise unsere Entscheidungen? Größtenteils werden diese nicht aufgrund bewusster Überlegungen, sondern in unbewussten Regionen unseres Gehirns getroffen. Das Unbewusste teilt uns, wenn überhaupt, nur das Ergebnis dieser Prozesse mit und überlässt es dem Bewusstsein, die Entscheidung rational zu begründen. Die Basis für diese Entscheidungen bilden die bisherigen Erfahrungen. Das ähnelt doch sehr der Vorgangsweise im Internet. Unser Unbewusstes ist ein ebenso leistungsfähiger Datensammler und -verarbeiter wie das Internet und trifft seine Entscheidungen aufgrund des bisherigen Verhaltens. Um aus diesem Modus auszubrechen, den Horizont zu erweitern und Neues zu probieren, ist ein bewusster Akt notwendig. Oder ein Fehler, wie die folgende Episode zeigt, die mir eine Bekannte erzählte: Sie stöberte wieder einmal in einem Antiquariat, als ihr vermeintlich ein Buch ihres Lieblingsdichters Stefan Zweig in die Hände fiel. Kurz entschlossen kaufte sie es. Erst zu Hause merkte sie, dass sie den Roman „Nirgendwo in Afrika" von *Stefanie* Zweig erstanden hatte. Doch von Ärger darüber war keine Spur, denn das Buch, das sie bei genauerem Hinsehen wohl nicht gekauft hätte, da es nicht in ihr Kaufschema passte, erwies sich als ausgesprochener Glücksgriff. Fehler führen meist zu einem Ärgernis, doch manchmal erweitern sie unseren Horizont.

Ist der Mensch eine triviale Maschine?

An Ihrer Veränderung, Selbstverwirklichung und Individualität haben die Mitmenschen und Institutionen in der Regel kein Interesse. Sie wollen Verlässlichkeit und Berechenbarkeit. Ein nicht sehr ermutigender Befund. Einen interessanten Beitrag zum Thema Konsistenz lieferte der geniale österreichische Physiker Heinz von Foerster. Er unterscheidet triviale Maschinen von nichttrivialen. Die Bezeichnung Maschine soll Sie nicht stören, denn Foerster versteht darunter auch überaus komplexe Systeme, wie zum Beispiel Menschen. Triviale Maschinen funktionieren nach einem strengen Ursache-Wirkungs-Prinzip, das heißt, gleiche Ausgangssituationen, Ursachen oder Inputs ergeben immer dieselbe Wirkung. Solche Systeme sind sehr beliebt, denn sie sind berechenbar und voraussagbar und liefern keine Überraschungen. In vielen Lebensbereichen ist es durchaus vernünftig, Maschinen zu trivialisieren. Wir alle hätten gern ein triviales Auto, das auf gleiche Inputs immer dieselbe Antwort gibt. Nur leider wird es nicht ausbleiben, dass Sie eines Tages wie gewohnt den Schlüssel im Zündschloss drehen und es passiert – nichts. Dann wird es Zeit, das Vehikel in einer Werkstätte wieder trivialisieren zu lassen.

Ist der Mensch eine triviale Maschine? Zweifellos nicht, obwohl die Bemühungen der Gesellschaft dahin gehen, uns in gleichen Situationen gleiche Reaktionen zu entlocken, uns berechenbar zu machen. Die Art, wie wir Ursachen in Wirkungen umwandeln, ist nicht fix. Sie ändert sich im Laufe unseres Lebens. Filme, die uns vor Jahren gefallen haben, finden wir nun langweilig. Situationen, die uns in der Vergangenheit in Entzücken oder in Rage versetzt haben, lösen nun keine Emotionen mehr aus, und so weiter.

Es mag sinnvoll sein, Maschinen zu trivialisieren, doch für die Menschen stellt dies Heinz von Foerster entschieden in Abrede: „Denken Sie nur an den gesellschaftlichen Umgang mit Kindern, die sich – zu unserem Schrecken – vielfach auf eine nichttriviale Weise verhalten. Man fragt ein Kind: ‚Was ist zwei mal zwei?‘ Und es sagt: ‚Grün!‘ Eine solche Antwort ist auf eine geniale Weise unberechenbar, aber sie scheint uns unzulässig, sie verletzt unsere Sehnsucht nach Sicherheit und Berechenbarkeit. Dieses Kind ist noch kein berechenbarer Staatsbürger, und vielleicht wird es eines Tages nicht einmal unseren Gesetzen folgen. Die Konsequenz ist, dass wir es in eine Trivialisationsanstalt schicken, die man offiziell als Schule bezeichnet. Und auf diese Weise verwandeln wir dieses Kind Schritt für Schritt in eine triviale Maschine, die unsere Frage ‚Was ist zwei mal zwei?‘ auf immer gleiche Weise beantwortet.“ (Foerster 2001, S. 55)

„Wenn du etwas verstehen möchtest, dann ist es nicht gut, eine Meinung dazu zu haben."
Krishnamurti

„Natürlich habe ich Meinungen. Aber ich mag mich nicht, wenn ich Meinungen habe."
Peter Handke

Danke, ich habe schon eine Meinung

Wie wir Meinungen bilden

Vor einiger Zeit fing ich im Fernsehen den wohl witzig gemeinten Ausspruch eines Kabarettisten auf: „Ich habe eine Meinung zu Dingen, die ich nicht einmal kenne." Brüllendes Gelächter im Publikum. Doch was als Gag gedacht war, ist eine exakte Beschreibung dessen, was sich in unseren Gehirnen abspielt, wenn wir mit einem neuen Thema konfrontiert sind, mit dem wir uns wissentlich noch nie beschäftigt haben.

Im Sommer 2013 wurde durch die Veröffentlichungen des „Whistleblowers" Edward Snowden eine heftige Diskussion über Internetsicherheit, Datenmissbrauch, Ausspähen von Informationen und die Macht der Geheimdienste ausgelöst. Ausgangspunkt war die Aufdeckung des massenhaften Datenabsaugens durch die NSA (National Security Agency), den mächtigen Auslandsgeheimdienst der USA, zuständig für die weltweite Sammlung und Auswertung der elektronischen Kommunikation. Wohl nur wenige Menschen hatten sich hierzulande vorher mit diesen Problemen auseinandergesetzt, dennoch konnte ich in Gesprächen mit Bekannten feststellen, dass sich innerhalb kürzester Zeit alle eine Meinung dazu gebildet hatten. Die Einschätzungen waren sehr unterschiedlich, obwohl alle über die etwa gleichen Informationen aus den Massenmedien verfügten. Sie reichten von Empörung über das skandalöse Eindringen in die Privatsphäre (Stichwort „Big brother is watching you") bis zu relativer Gleichgültigkeit (Stichwort „Ich habe nichts zu verbergen"). Was war passiert? Die Einstellung zu dieser neuen Problematik musste möglichst widerspruchsfrei eingebettet werden in bestehende Beurteilungen, wie zum Beispiel: Wie wichtig ist mir die persönliche Freiheit? Wie sehr fühle ich mich durch Terrorismus bedroht? Können Anschläge durch das Sammeln von Internetdaten verhindert werden? Wie stehe ich zu den USA? Und noch viele andere Einstellungen, die mehr oder weniger eng mit dieser Frage zusammenhängen.

Wenn man also alle Einstellungen und Wertungen einer Person kennen würde, die mit einer neuen Problematik in Zusammenhang stehen, könnte man voraussagen, welche Meinung sie dazu haben wird. Zumindest in der Theorie. In der Praxis sieht es anders aus, denn das Netz von Einstellungen, die durch eine neue Thematik angesprochen werden, ist in der Regel überaus komplex. Jede neue Beurteilung wird nach dem Prinzip der Homöostase vorgenommen, das heißt, sie soll möglichst wenige Widersprüche mit bestehenden Einstellungen aufweisen und es sollen möglichst geringe Veränderungen notwendig sein, um Konsistenz herzustellen. Bleiben wir beim obigen Beispiel und nehmen wir an, eine Person würde den Wert des Schutzes der Privatsphäre sehr hoch ansetzen und gleichzeitig ein USA-Fan sein. Daraus würde sich eine Dissonanz ergeben, denn die USA sind ein Hauptakteur auf dem Gebiet der Datenausspähung. Entschiede sich diese Person für die Forderung nach einer Einschränkung der Geheimdienstaktivitäten und für mehr Freiheitsrechte, so würde sich an ihrer Sympathie für Amerika wohl einiges ändern müssen.

Ein anderes Beispiel: Am 11. Mai 2014 dürften nicht wenige Österreicher vor einem Dilemma gestanden sein und nicht gewusst haben, ob sie sich freuen sollen oder nicht. Was war geschehen? Ein junger Mann namens Thomas Neuwirth hatte den Eurovision Song Contest gewonnen. Das wäre allemal ein Grund für seine Landsleute, stolz zu sein. Doch besagter junger Mann trat in Frauenkleidern und mit Vollbart als Conchita Wurst auf. Und damit kam es bei vielen heimischen Zusehern zu einem Konflikt zwischen ihrem Patriotismus und der Ablehnung dieser fremd anmutenden Kunstfigur ohne eindeutig zuordenbare sexuelle Identität. Wie im Abschnitt „Von der Heimatliebe zur Fremdenangst" ausgeführt wird, ist Patriotismus häufig mit der Abgrenzung gegenüber Werten und Lebensstilen verbunden, die von den eigenen abweichen. Wenn Sie sich über den Erfolg von Conchita Wurst herzlich freuen konnten, überwiegt bei Ihnen vermutlich der Patriotismus oder für Sie besteht kein Widerspruch zwischen Heimatliebe und Toleranz.

Das Entstehen einer Meinung zu einer neuen Thematik, mit der man sich noch nie bewusst auseinandergesetzt hat, ist ein überaus komplexer Vorgang, da riesige Datenmengen zu verarbeiten sind. Es muss im Gehirn nicht nur recherchiert werden, welche Einstellungen mit der neuen Beurteilung in Zusammenhang stehen, auch die persönliche Wertigkeit dieser Kognitionen muss festgestellt werden und schließlich wird, wie in einem Computermodell, überprüft, welche Modifizierungen an den übrigen Einstellungen notwendig sind, wenn eine davon verändert wird. Das kann das Bewusstsein mit seinen langsamen Informationsverarbeitungsprozessen, bei denen immer nur eines nach dem anderen ausgeführt wird, nicht leisten. Das erledigt das Unbewusste für uns, denn es ist in der Lage, in parallel laufenden Prozessen mit riesigen Datenmengen zu jonglieren. Daher bemerken wir auch nichts von diesen aufwendigen Prozessen und wundern uns höchstens, wie rasch und anstrengungslos wir zu solchen Beurteilungen gelangen. Erst nachher, wenn uns das Unbewusste das Ergebnis der Recherchen mitgeteilt hat, setzt gewöhnlich eine bewusste Begründung für diese Meinung ein. Diese hat in der Regel nichts mit den tatsächlichen Entscheidungsgründen zu tun – doch wie stünde man denn da, wenn man sagen müsste: „Das ist meine Meinung, aber fragt mich nicht, wie ich dazu gekommen bin. Ich weiß es nämlich nicht."

Meinungen wollen bestätigt werden

Ist eine Meinung einmal gebildet, haben es Informationen, die im Widerspruch dazu stehen, sehr schwer, sich durchzusetzen. Meinungen wollen bestätigt, nicht verändert werden. Um das zu erreichen, stehen uns einige wirkungsvolle Hilfsmittel zur Verfügung. Eines davon besteht darin, dass wir den Kontakt zu Menschen suchen, von denen wir annehmen können, dass sie unsere Sprache sprechen und unsere Gedanken denken. Auf diese Weise erhalten wir Bestätigung für unsere Ansichten, erleben ein Gefühl der Konsonanz und sind nicht genötigt, an unseren Einstellungen etwas zu ändern. Nach einem Austausch mit solchen Mitmenschen können wir getrost feststellen: „Mission erfüllt, Meinung bestätigt, keine Änderung nötig". Das erspart uns psychische Anstrengung und stärkt das Selbstwertgefühl.

Eine weitere Möglichkeit, sich mühsame Lernprozesse zu ersparen, besteht darin, jene Zeitungen, Magazine und Bücher zu lesen und jene Fernsehprogramme auszuwählen, die

die eigene Meinung bestätigen. Im Boulevardjournalismus funktioniert das perfekt. Diese Druckwerke sprechen Ängste und Vorurteile an, die sie bei ihren Lesern vermuten. Und die Leser greifen zu dem Blatt, das ihre Meinungen bestätigt. So profitieren beide: die einen von hohen Auflagen, die anderen von dem Gefühl, mit ihren Vorurteilen richtig zu liegen. Man könnte pointiert sagen: Viele Menschen lesen eine Zeitung nicht, um Neues zu erfahren, sondern um alte Überzeugungen bestätigt zu bekommen. Die Sache hat nur den Haken, dass dadurch keine Horizonterweiterung und kein Lernprozess möglich sind. Es ist eine Endlosschleife, die zu nichts führt. Lernen braucht Dissonanz.

„Wahlblindheit"

Für das Bewusstsein ist es nichts Ungewöhnliches, eine Meinung zu begründen, die gar nicht in seinem „Wirkungsbereich", sondern im Unbewussten entstanden ist. Was würde eigentlich passieren, wenn man es auf die Spitze triebe und einer Person eine Entscheidung unterschöbe, die sie gar nicht getroffen hat? Würde sie das „Kuckucksei" als solches erkennen und zurückweisen oder es blind annehmen und schützen, als wäre es ihr eigenes? Dieser Frage gingen Lars Hall und Petter Johansson von der Universität Lund im Jahre 2005 nach. Sie zeigten Testpersonen jeweils zwei Bilder von Gesichtern und forderten sie auf, zu entscheiden, welches ihnen attraktiver erschien. Anschließend baten sie die Teilnehmer, ihre Wahl zu begründen. Was diese nicht wussten: Der Testleiter hatte mit einer geschickten Handbewegung die beiden Fotos vertauscht und den Testpersonen das Bild gegeben, das sie nicht gewählt hatten. Zur Verblüffung der beiden Forscher bemerkten 87 Prozent diesen „Schwindel" gar nicht und begründeten munter drauflos, warum ihnen die untergeschobene Person attraktiv erschien. Hall und Johansson bezeichneten dieses Phänomen als „Choice Blindness" (Wahlblindheit). Ein BBC-Video zu Choice Blindness finden Sie auf YouTube.

Man kann diesen Effekt damit begründen, dass die Beurteilung der Attraktivität intuitiv und ganzheitlich erfolgt und nicht anhand von Einzelheiten des Gesichts. Es ist daher relativ leicht, einer Testperson ein anderes Bild unterzuschieben, ohne dass das auffällt, da sie keine einzelnen Merkmale abgespeichert hat. Erst zur Begründung der Wahl, die einen bewussten Vorgang darstellt, werden dann Bildelemente herangezogen.

Dieses Experiment veranschaulicht eindrucksvoll, dass die Wahrnehmung der Fakten (Details des Gesichts) einer gefassten Meinung (Einschätzung der Attraktivität) untergeordnet und notfalls auch verfälscht wird. So führte zum Beispiel eine Testperson an, für ihre Wahl sei das Lächeln auf dem Foto ausschlaggebend gewesen. Tatsächlich aber war Freundlichkeit nur auf dem Bild mit der abgelehnten Person zu erkennen.

Da könnte man auf eigenartige Gedanken kommen. Manchmal ist eine Partnerin/ein Partner nach einigen Jahren des Zusammenlebens „wie ausgewechselt", ohne dass ein Trick vorliegt. Auch in diesem Fall könnte man die seinerzeitige Wahl mit Eigenschaften begründen, die zwar die „wie ausgewechselte" jetzige, nicht aber die ursprünglich gewählte Person auszeichnen. Das kann sich durchaus positiv auf den Bestand der Beziehung auswirken. Nehmen wir an, eine Frau hat ihren Partner unter anderem wegen seiner athletischen Statur gewählt, von der nach Jahren nicht mehr viel übrig geblieben ist. Nach dem Modell der Choice Blindness hat sie die Möglichkeit, ihre damalige Entscheidung mit der (heutigen) Tüchtigkeit oder Zuverlässigkeit ihres Partners zu begründen. Auf diese Weise muss sie nicht ihren Partner verlassen, sondern nur die Begründung für ihre seinerzeitige Wahl ändern.

⏰ VORSICHT, FALLE!

Unsere Meinungen machen zu einem wesentlichen Teil unsere Identität aus. Sage mir, was du über Heimat, Freundschaft, Fortschritt, Religion, Gerechtigkeit und anderes denkst, und ich sage dir, wer du bist. Es ist daher nicht ganz unwichtig, wie wir zu diesen Überzeugungen kommen. Einstellungen zu neuen Themen werden nach dem Prinzip der Homöostase gebildet, das heißt, nach dem Grundsatz größtmöglicher Verträglichkeit mit bestehenden Einstellungen und geringstmöglichem Änderungsbedarf. Hat man eine Meinung gebildet, werden bestätigende Fakten bevorzugt behandelt, widersprechende hingegen eher verdrängt, abgewertet oder umgedeutet. Das fördert die Stimmigkeit, Widerspruchsfreiheit und innere Harmonie einer Person, schmälert aber die Lernfähigkeit und die Anpassung an veränderte Realitäten. Der Königsweg, um dieser Falle zu entgehen, bestünde darin, Erfahrungen zunächst ohne Wertung aufzunehmen und dann eine Meinung zu bilden und nicht den meist begangenen Pfad zu wählen, indem man sich zuerst eine Meinung bildet und dann die Informationen nach ihrer Übereinstimmung mit dieser oder ihrer Abweichung davon bewertet. Denn eine Meinung stellt meist das Ende einer unvoreingenommenen Aufnahme und Beurteilung von Erfahrungen dar, ganz nach dem Motto: „Danke, ich habe schon eine Meinung."

„Ich bin der, der ich war, und ich bleibe der, der ich bin."
Franz Josef Strauß

„Wer Sehnsucht nach Harmonie hat, muss in einen Gesangsverein gehen. Aber nicht in die Politik."
Norbert Blüm

Harmoniefallen in der Politik

Geschlossenheit oder Erneuerung?

Wir verlangen Konsistenz nicht nur von Personen, sondern auch von Gruppen, Unternehmen und Gemeinschaften, wie zum Beispiel von politischen Parteien. Letztere eignen sich für unsere Betrachtungen besonders gut, da sie im Blickpunkt der Öffentlichkeit stehen und ihr Auftreten für ihr Überleben von entscheidender Bedeutung ist. Wenn es bei ihnen unterschiedliche Auffassungen oder Flügelkämpfe gibt, stürzen sich die Medien mit sichtlichem Vergnügen darauf, um die Konflikte noch zu verschärfen. Kein Wunder, dass sie sich um Geschlossenheit bemühen. Zwistigkeiten werden von den potenziellen Wählern nicht geschätzt. Diese wollen berechenbare Parteien, von denen sie wissen oder zu wissen glauben, was von ihnen zu erwarten ist und wie sie zu wichtigen Fragen stehen. Damit bringen sie die Parteien jedoch in ein Dilemma. Geschlossenheit ist zwar eine Tugend, doch es ist nicht die einzige. Ebenso wichtig ist Erneuerungsfähigkeit, um sich veränderten Gegebenheiten und gesellschaftlichen Strömungen anpassen zu können. Geschlossenheit kann auch ein Zeichen für Stillstand sein, wenn sich alle an der akzeptierten

Meinung orientieren und es nicht wagen, davon abzuweichen. Fortschritt und Weiterentwicklung erfordern jedoch kontroverse Überzeugungen, die sich meist an den Rändern der Gruppe bilden, im Idealfall schrittweise ins Machtzentrum vordringen und schließlich mehrheitsfähig werden. Ohne diese Störungen der Harmonie durch andersdenkende, aufmüpfige Mitglieder ist eine Anpassung der Parteien an sich ändernde Ansprüche der Wähler in der Regel nicht möglich. Das Streben nach Harmonie und einem geschlossenen Auftritt in der Öffentlichkeit kann für politische Gruppierungen eine Falle darstellen, die deren notwendige stetige Erneuerung verhindert. Das gilt selbstverständlich auch für Religionsgemeinschaften, Unternehmen, Interessenvertretungen und andere Gruppen.

Harmonisierte Politiker

Das Eingangszitat des ehemaligen deutschen Politikers Norbert Blüm, wonach die Politik nichts für Harmoniesuchende sei, mag auf ihn selbst zugetroffen haben, als allgemeine Regel möchte ich es nicht gelten lassen. Ganz im Gegenteil. Politische Parteien sind aufgrund ihres Strebens nach Geschlossenheit kein Feld, auf dem ein Mandatar seine Individualität ausleben kann. Dafür sorgt schon das Auswahlsystem. Das an oberster Stelle rangierende Motiv unserer Volksvertreter dürfte wohl darin bestehen, ein Mandat zu ergattern und in der Parteihierarchie möglichst weit nach oben zu klettern. Wer wollte es ihnen verdenken? Das oft gehörte Bekenntnis, dass es die Liebe zu den Menschen sei, die unsere Vertreter zur Politik gebracht habe, dürfte sich in den meisten Fällen auf die Liebe zu einer Person, nämlich zu sich selbst, reduzieren.

Wie erreicht es ein angehender Politiker, ein Mandat zu erhalten und auf der Leiter der politischen Karriere hochzusteigen? Am besten wohl, indem er das Einvernehmen mit den Menschen sucht, die Mandate und Pfründe zu vergeben haben. Man wird sich daher tunlichst deren Glaubensbekenntnisse zu eigen machen und verkünden, denn: „Wes' Brot ich ess', des' Lied ich sing". Mit abweichendem Verhalten würde ein aufstrebender Politiker seine Karrierechancen erheblich schmälern. Außerdem sind solchen Tendenzen, sofern sie überhaupt vorhanden sind, durch den sogenannten Klubzwang enge Grenzen gesetzt.

Auch von den Medien werden Politiker auf Konsistenz getrimmt. Der 2001 verstorbene österreichische Fernsehmoderator Robert Hochner sagte einmal sehr treffend, die Rache der Journalisten an den Volksvertretern sei das Archiv. Er sprach damit das beliebte Spiel an, Politiker mit Aussagen zu konfrontieren, die sie Monate oder Jahre zuvor gemacht haben, die aber nicht mehr zu ihren heutigen Überzeugungen oder zumindest deren Bekundungen passen und die sie wohl gerne ungeschehen machen würden. Doch das Gesagte wird in Archiven verwahrt, kann von geschickten Journalisten hervorgezaubert werden und auf diese Weise die Reputation der betroffenen Person untergraben. Geradezu genüsslich zelebriert das der Fernsehjournalist Frank Plasberg in der ARD-Sendung „Hart aber fair".

Und so kommt es, dass Konsistenz für Politiker wichtiger ist als Wandel, Lernen, Veränderung. Das Zitat von Franz Josef Strauß, dem ehemaligen Ministerpräsidenten von Bayern („Ich bin der, der ich war, und ich bleibe der, der ich bin") war sicherlich als Versprechen an seine Wähler gedacht. Man könnte es aber auch als gefährliche Drohung auffassen.

Doch müssten nicht eigentlich wir Wähler uns an der Nase nehmen? Schließlich sind wir es, die verlässliche, berechenbare Vertreter wollen. Und das sind nun einmal die, die unbeeindruckt von Veränderungen eine Linie verfolgen, der sie sich immer schon verpflichtet fühlten. Die Politiker sind, wie sie sind, weil wir sie so wollen. Und jeder Journalist und jeder Kommentator, der einen Politiker auf einen Widerspruch zwischen früheren und heutigen Aussagen hinweist, trägt dazu bei, dass unsere Volksvertreter den Mut verlieren, ihre Meinung zu ändern. Es hat nun einmal nicht jeder die Statur eines Konrad Adenauer, des ehemaligen deutschen Bundeskanzlers. Er erwiderte einem Journalisten auf den Vorwurf, seine Meinung geändert zu haben, den berühmt gewordenen Satz: „Was gebe ich auf mein Geschwätz von gestern?"

Narrenfreiheit oder Abweichungskredit

Von wem ist am ehesten abweichendes Verhalten zu erwarten: von denen, die in einer Gruppe geringes Ansehen haben, von denen mit hohem Status oder von denen, die sich in der Mitte tummeln? Dazu gibt es einige Untersuchungen. In allen Gruppen, gleichgültig, ob es sich um eine Familie, einen Freundeskreis, einen Verein, die Belegschaft einer Firma oder eine politische Partei handelt, haben die „Underdogs" eine gewisse Narrenfreiheit. Sie können ihren Status durch Angepasstheit kaum verbessern, ihn aber durch abweichendes Verhalten auch nicht verschlechtern. Von ihnen ist daher am ehesten nonkonformes Verhalten zu erwarten. Allerdings haben sie nicht genug Gewicht, sich mit ihrer Meinung durchzusetzen. Die Gruppenmitglieder im mittleren Statusbereich tendieren am stärksten zu Anpassung – in der Hoffnung, damit ihre Position zu verbessern. Bei politischen Parteien und in anderen Gemeinschaften, wie zum Beispiel in der katholischen Kirche (Stichwort Bischofsernennungen) kann man beobachten, dass Wohlverhalten häufig mit höheren Weihen belohnt wird. Solche Aufstiege passieren sicherlich nicht absichtslos und sollen signalisieren: „Anpassung zahlt sich aus". Und damit wird die vorherrschende Meinung weiter gefestigt.

Anders ist die Situation bei den *Opinion Leaders* einer Gruppe. Diese haben aufgrund ihres Ansehens so etwas wie einen „Abweichungskredit", das heißt, sie dürfen sich schon einmal nonkonformes Verhalten erlauben. Doch mit jedem Mal wird etwas von diesem Kredit verbraucht, bis sie schließlich im Ansehen sinken und die Basis murrt: „Das ist keiner mehr von uns." Andererseits können Inhaber eines hohen Status diesen durch angepasstes Verhalten kaum verbessern. Es darf daher nicht verwundern, dass sie in der Regel keine Lust haben, sich durch innovative Vorschläge hervorzutun. Es sei denn, sie sehen die Chancen schwinden, mit den geltenden Gruppennormen ihre eigenen Ziele zu erreichen. Dann kann sich für sie die Notwendigkeit ergeben, einen neuen Standpunkt einzunehmen, der besser mit einem geänderten Umfeld harmoniert. Dahinter steht die Hoffnung, dass dieser zur neuen Gruppennorm werden und die Mehrheit sich hinter dem „Abweichler" versammeln möge. Das Risiko, das man bei einer solchen „Revolution von oben" eingehen muss, ist erheblich. Es besteht darin, dass die Gruppe sich spalten kann und die Führungsperson daraufhin in der Versenkung verschwindet.

Ein gelungenes Beispiel eines solchen Paradigmenwechsels lieferte die deutsche Kanzlerin Angela Merkel im Jahre 2012. Entgegen den Bekenntnissen, Programmen und Beschlüssen ihrer Partei bis zu diesem Zeitpunkt rief sie, aufgeschreckt durch Umfrageergebnisse in der Folge des Reaktorunglücks von Fukushima, die Energiewende aus. Plötzlich war keine Rede mehr von langen Übergangsfristen für bestehende Atomkraftwerke, sie setzte vielmehr auf erneuerbare Energie.

Es fehlte in Deutschland nicht an Kritikern, die die Kehrtwende von Angela Merkel in der Energiepolitik als gesinnungslos ablehnten. Im Bundestagswahlkampf 2013 wurde ihr vorgeworfen, sie stehle den anderen Parteien durch ihre Meinungsumschwünge die Wahlkampfthemen. Ein bemerkenswerter Vorwurf. Er bedeutet, dass zumindest die politischen Gegner voneinander erwarten, bei ihren Überzeugungen zu bleiben, auch wenn sich die Meinungen in der Bevölkerung geändert haben. Aber kommt es in der Politik nicht gerade darauf an, den Wählerwillen umzusetzen, gewissermaßen eine Allianz mit der Mehrheit der Bevölkerung zu bilden? Im Grunde ja. Doch das kann sich als Falle herausstellen. Dann nämlich, wenn es um das Wohl einer kleinen Gruppe von Wählern geht, die nur geringes Gewicht hat und daher leicht vernachlässigt werden kann. Oder wenn Reformen zu beschließen sind, die für die Zukunft notwendig sind, in der Gegenwart jedoch schmerzhafte Einschnitte bedeuten würden.

Auch in den Ländern, in denen die Finanz- und Wirtschaftskrise tiefe Spuren hinterlassen hat, werden regelmäßig jene Parteien abgestraft, die dringend notwendige Reformen durchsetzen. Diese Art von Harmonie zwischen Politik und Bevölkerung kann eine Falle mit fatalen Folgen darstellen. Den Politikern wäre in solchen Fällen weniger Harmoniesucht und mehr Konfliktbereitschaft zu wünschen, denn mit Populismus werden die Probleme der Zukunft nicht zu lösen sein.

Merkel hätte mit konformem Verhalten, nämlich mit dem unveränderten Bekenntnis zur Kernenergie, ihren hohen Status in der CDU/CSU zwar allemal halten können, ihr Ziel, bei der nächsten Wahl wieder Kanzlerin zu werden, wäre aber damit wohl nicht zu erreichen gewesen. Zu stark war die Tendenz in der Bevölkerung: „Raus aus der Kernenergie". Sie wäre dann vermutlich die Nr. 1 in einer Nr. 2-Partei geworden.

Wäre Frau Merkel harmoniesüchtig, hätte sie wohl weiter die Gruppennorm in der Frage der Kernenergie vertreten. So aber riskierte sie die Dissonanz zwischen sich und großen Teilen der Partei, die erhebliche Zweifel an der neuen Doktrin hegten. Es war eine Zerreißprobe, doch sie gewann diese. Sie einte die Partei hinter sich und wurde zur unumschränkten Führungsperson. Man könnte auch sagen, dass sie den Konsens mit ihrer Partei aufs Spiel setzte und stattdessen die Harmonie mit der Mehrheit der Bevölkerung suchte.

Auch in der Flüchtlingspolitik hat Angela Merkel mit ihrem optimistischen „Wir schaffen das" die CDU/CSU in eine schwierige Lage gebracht. In diesem Fall waren wohl nicht Umfrageergebnisse ihr Antrieb, sondern persönliche Überzeugungen. Der Ausgang der Zerreißprobe ist bei Drucklegung dieses Buches noch völlig ungewiss.

„Similes simili gaudet."
(Man freut sich an dem, was einem ähnlich ist.)
Lateinisches Sprichwort

Zwischen Ähnlichkeit und Fremdheit

Ähnlich ist sympathisch

Unsere Psyche ist darauf ausgerichtet, nach Bestätigung unserer Ansichten, Meinungen, Werthaltungen und Ähnlichem zu streben. Wir umgeben uns daher gerne mit Menschen, die unsere Meinungen teilen, bei denen wir keine Mühe aufwenden müssen, ihre Überzeugungen zu ändern und den unseren anzupassen oder uns ihren Beeinflussungsversuchen zu widersetzen. Solche Menschen bestätigen uns in unserer Identität und geben uns das Gefühl: „Du bist O.K. Wir akzeptieren dich so, wie du bist." Nachsatz: „Weil du so bist, wie wir sind." Wir brauchen uns in solcher Gesellschaft für unsere Haltung nicht zu rechtfertigen und müssen uns nicht verstellen. Dieses angenehme Gefühl der Harmonie mit der Umgebung vermitteln uns Menschen, die uns ähnlich sind. Bewegt man sich hingegen in Gruppen von Individuen, die andere Meinungen, Werte und Vorlieben vertreten, wird es anstrengend. Ständig muss man auf der Hut sein, um nicht kontroverse Themen anzusprechen, die endlose Diskussionen oder hitzige Debatten auslösen würden. Man fühlt sich genötigt, aufzupassen, was man sagt, um seine Aussagen nicht verteidigen zu müssen, dafür gering geschätzt oder abgelehnt zu werden. Das beginnt bei relativ harmlosen Meinungsverschiedenheiten über den Lieblings-Fußballverein oder bevorzugte Essgewohnheiten und geht bis hin zu Differenzen in Fragen der Politik und der Weltanschauung. Solche Auseinandersetzungen kosten Energie und beeinträchtigen das Selbstwertgefühl. Da ist es doch bequemer, sich mit Personen zu umgeben, die ähnlich ticken wie man selbst. Untersuchungen zeigen, dass die meisten Menschen lieber Schwierigkeiten wie zum Beispiel lange Wege auf sich nehmen, um sich einer Gruppe mit ähnlichen Meinungen anzuschließen, als sich einer bequem erreichbaren, aber dissonanten Umgebung anzupassen. Das scheint für die Psyche die ökonomischere Strategie zu sein. Die eigenen Überzeugungen an der Gruppennorm zu orientieren oder im Widerspruch dazu zu leben, das verbraucht viel psychische Energie. Mehr als die Suche nach einer passenden Umgebung.

Auch in diesem Fall kommen uns unbewusst wirkende Strategien zu Hilfe. Untersuchungen haben nämlich ergeben, dass uns Menschen mit ähnlichen Einstellungen und Werthaltungen, ähnlichem sozialem Status und ähnlichem Aussehen sympathisch sind und wir ihnen vertrauensvoll begegnen. Damit ist bereits ohne unser bewusstes Zutun eine gute emotionale Basis für eine Beziehung gegeben, sei es im beruflichen oder im privaten Umfeld. Wir kaufen auch lieber bei Menschen, die uns ähnlich sind. In einer amerikanischen Studie (siehe Cialdini, S. 223) wurde nachgewiesen, dass die Kunden einer Versicherungsgesellschaft eher bereit waren, einen Vertrag abzuschließen, wenn zwischen ihnen und dem Vertreter Ähnlichkeiten in Bezug auf das Alter, die Religion, die politische Einstellung und den Tabakkonsum bestanden.

Gleich und gleich gesellt sich gern

Auch bei der Partnerwahl stellt die Ähnlichkeit ein bewährtes Auswahlkriterium dar. Wenn Sie Paare beim Flirt oder in der Kennenlernphase belauschen, können Sie beobachten, wie diese sich gegenseitig scannen nach bevorzugten Songs, Musikgruppen, Lieblingsschauspielern, Locations, Hobbys, Urlaubszielen, politischen Einstellungen, gemeinsamen Bekannten und so weiter und wie erfreut sie sind, wenn sie dabei Treffer landen. Diese Vorgangsweise ist durchaus sinnvoll und wird von geübten „Flirtern" und geschickten Verkäufern gerne angewandt. Zu Recht, denn Untersuchungen zeigen, dass Sympathie und Vertrauen mit solchen Übereinstimmungen zunehmen. Man steigert seine Chancen, bei einer umworbenen Person zu landen oder ein Produkt zu verkaufen, wenn man Ähnlichkeiten betont und Differenzen möglichst versteckt. Wir haben es hier offensichtlich mit einem einfachen Selektionsmechanismus zu tun, der uns meist, aber eben nicht immer, passende Partnerinnen und Partner im Berufsleben und auch sonst beschert.

Wenn man bedenkt, wie sehr die Welt, in der wir leben, globalisiert ist, welche fernen Länder wir bereisen und mit wie vielen Personen wir über die sozialen Netzwerke verbunden sind, muss man sich wundern, wie eingeschränkt die Partnerwahl letztlich ist. Da herrscht das Gesetz der Ähnlichkeit. Die durchaus spannende Urlaubsbekanntschaft hat keine Chance gegen die Bürokollegin/den Bürokollegen. Wir wollen auch in der Paarbeziehung keine Überraschungen, sondern Berechenbarkeit und Stabilität. Wer eine Partnerin/einen Partner mit ähnlichen Einstellungen und Meinungen wählt, erspart sich später eine Menge Ärger, Konflikte, Überzeugungsarbeit und Kompromisse. Oder überhaupt eine schmerzhafte Trennung. Die Ergebnisse der Paarforschung unterstützen diese wenig innovative Haltung. Sie zeigen, dass solche Beziehungen, die auf Ähnlichkeit der Partner aufgebaut sind, länger Bestand haben. Ähnliche Einstellungen und Werthaltungen sind laut Guy Bodenmann von der Universität Zürich bessere Garanten für Paarzufriedenheit als gegensätzliche Ansichten. Die Zuneigung orientiert sich also eher am Prinzip „Gleich und gleich gesellt sich gern". Das spannendere, aber wohl auch anspruchsvollere Modell „Gegensätze ziehen sich an" birgt offensichtlich höhere Risiken. Reiche verbinden sich mit Reichen, Schöne mit Schönen, Intelligente mit Intelligenten, Sportliche mit Sportlichen, Konservative mit Konservativen, Liberale mit Liberalen und so fort.

Komplementäre Verbindungen, in denen ein Teil die Ergänzung des anderen bildet, sind relativ selten. Es war daher etwa eine große Überraschung, als Marylin Monroe und Arthur Miller vor den Traualtar traten und sich gewissermaßen Schönheit und Geist vereinten. Diese spannende Beziehung hielt zwar nicht, bis sie durch den Tod geschieden wurde, doch immerhin fünf Jahre: von 1956 bis 1961.

Das Inzesttabu

Wer bei der Partnerwahl nach Ähnlichkeit sucht, müsste eigentlich im verwandtschaftlichen Umfeld am ehesten fündig werden. Tatsächlich wird weltweit jede zehnte Ehe zwischen Cousin und Cousine 1. Grades (gemeinsame Großeltern) geschlossen. In muslimischen Ländern sind solche Verbindungen durchaus üblich. Allerdings gibt es eine Grenze für diese Art des Strebens nach Ähnlichkeit: das Inzesttabu. Sexuelle Verbindungen zwischen nahen Verwandten sind in den meisten Ländern untersagt, allerdings sind die Gesetze nicht einmal in Europa einheitlich. In Deutschland, in Österreich und der Schweiz sind Verbindungen zwischen Blutsverwandten in gerader Linie und zwischen voll- oder halbbürtigen Geschwistern verboten, in Frankreich und einigen anderen Ländern ist Inzest hingegen straffrei. Sexuelle Beziehungen zwischen Cousin und Cousine 2. Grades (gemeinsame Urgroßeltern) sind mit wenigen Ausnahmen überall erlaubt.

Als Begründung für die sogenannte Inzestscheu, die nach Auskunft der Anthropologen bei den meisten Völkern nachgewiesen werden kann, werden unterschiedliche Theorien angeboten. Die bekannteste und wohl auch kühnste stammt von Sigmund Freud. Er nahm an, dass sich Söhne, ähnlich wie der mythische Ödipus, sexuell zur Mutter hingezogen fühlen. Damit kämen sie aber dem Vater in die Quere und fürchteten dessen Rache, da er es in ihrer Fantasie auf ihren Penis abgesehen habe. Aus Angst vor Kastration würden sie nun alles, was mit Sexualität zu tun hat, verdrängen. Erst in der Pubertät würde das Interesse an Sex wieder erwachen, inzestuöse Vorstellungen blieben jedoch weiterhin tabuisiert. Soweit Sigmund Freud.

Die Biologen präsentieren mehrheitlich eine andere Erklärung. Sie nehmen an, dass das Inzesttabu darauf beruhe, dass bei Nachkommen von Verwandtenehen die Gefahr einer Schädigung des Erbguts erhöht sei. Dies wurde in mehreren Untersuchungen bestätigt, es gibt allerdings auch bemerkenswerte Gegenbeispiele. So ist Kleopatra aus Geschwisterehen über mehrere Generationen hervorgegangen, es sind jedoch keine geistigen oder gar körperlichen Defekte von ihr überliefert. Sonst hätte sie wohl kaum zunächst Gaius Julius Caesar und nach dessen Ermordung Marcus Antonius für sich und ihre politischen Ziele gewinnen können.

Der Reiz des Fremden

Der Vorteil einer Verbindung zwischen Personen, die in derselben Familie oder im selben Clan aufgewachsen sind, besteht darin, dass Ähnlichkeit sowohl in genetischer als auch in kultureller Hinsicht gegeben ist. Das stellt für manche Menschen einen Anreiz dar, wie die – global gesehen – recht häufigen Ehen zwischen Cousin und Cousine zeigen. Andere Menschen streben bei Beziehungen nach Ferne und Fremdheit. Dafür gibt es zwar keine gesetzlichen Beschränkungen, doch das heißt nicht, dass diesbezüglich völlige Freiheit in der Partnerwahl bestünde. Es gibt auch die ungeschriebenen Normen der Gesellschaft. In praktisch allen Sozietäten werden Verbindungen im selben kulturellen, ethnischen und religiösen Umfeld favorisiert. Nicht, dass es verboten wäre, dass Weiße Schwarze, Gebildete Ungebildete, Christen Muslime, Alte Junge oder Schöne Hässliche heiraten. Doch solche „gemischten" Paare stoßen auch in unserer toleranten (?) Gesellschaft oft auf Ablehnung, Geringschätzung und Feindseligkeit. Die Scheu, bei der Partnerwahl sehr weit in Richtung Fremdheit zu gehen, ist nicht nur wegen des gesellschaftlichen Drucks verständlich. Sich mit anderen Gewohnheiten, religiösen Überzeugungen und Lebensstilen auseinanderzusetzen – denn das muss man dann notwendigerweise –, erfordert großen psychischen Aufwand. Das eigene Wertesystem in Frage zu stellen oder es gar zu verändern, löst Ängste aus. Dann schon lieber die/den von nebenan nehmen, damit die eigene Welt bleibt, wie sie ist. Und außerdem kann man sich bei einer solchen Wahl der Zustimmung der Umgebung gewiss sein.

Die vertane Chance von Facebook und Co.

Gestatten Sie mir an diesem Punkt wieder einen Seitenblick auf das Internet, die weltweit größte Kommunikationsplattform. Die Gestaltung der sozialen Netzwerke kommt der Neigung des Menschen entgegen, bevorzugt mit solchen Individuen Kontakte zu pflegen, die ähnliche Meinungen, Werthaltungen und Interessen vertreten. Auf Facebook sammelt man Freunde, auf Twitter „Follower", die ein ähnliches Profil aufweisen. Wer seine Meinung postet, freut sich, wenn er möglichst viele „Likes" („Gefällt mir") von seiner Community bekommt. „Dislikes" sind gar nicht erst vorgesehen. Mit gutem Grund, denn der Aufenthalt in den sozialen Netzwerken soll angenehme Gefühle wecken, da würde Widerspruch nur stören. Der Hintergrund: Die Betreiber sind wohl zu Recht davon überzeugt, dass sich eine positive Stimmung günstig auf die Kaufbereitschaft auswirkt. Laut dem Datenschutzaktivisten Max Schrems soll der Besuch auf Facebook, Twitter und Co. ein „kurzer Glücksrausch" sein. „Der Mensch will aber nicht nur geliebt werden, er hat auch einen inhärenten Hunger nach Aufmerksamkeit und Interessenbekundungen. Im Web 2.0 bekommt er genau das. Jeder ist hier ein kleiner Star mit seiner kleinen Fangemeinde. Auch der durchschnittlichste Mensch bekommt die Bestätigung: Ich bin relevant!" (Schrems, S. 68).

Der sicherste Weg, beachtet zu werden und möglichst viele „Likes" abzuräumen, besteht darin, das zu posten, von dem man erwartet, dass es vielen gefällt – und nicht unbedingt das, was man selber denkt.

An sich bietet das Internet die Möglichkeit, mit sehr unterschiedlichen Menschen und Thesen konfrontiert zu werden, denn alles ist darin vorhanden. Doch was nützt das, wenn jeder nur Kontakt mit ähnlich tickenden Individuen sucht?

Die Gestaltung der sozialen Netzwerke und das Streben des Menschen nach Bestätigung und Anschluss verhindern es für viele, von der Vielfalt der Meinungen und Interessen zu profitieren. Und so verkommen Facebook & Co. zu schlichten E-Stammtischen, an denen sich Gleichgesinnte versammeln und ihre Postings digital austauschen.

⏰ VORSICHT, FALLE!

Der Zustand, in Harmonie mit seiner sozialen Umgebung zu leben, ist zwar angenehm, kann aber eine Falle darstellen, denn er bedeutet Stillstand. Für Albert Einstein war klar: „Ein Abend, an dem sich alle Anwesenden völlig einig sind, ist ein verlorener Abend." „Verloren" bedeutet in diesem Zusammenhang wohl: Ich kann nichts dazulernen und muss auch niemanden überzeugen. Alles, was in einer solchen Gruppe gesagt wird, dient der Bestätigung, mit seiner Meinung angenommen zu werden, nicht dem Ziel, voneinander zu lernen. Es ist keine Lerngruppe, sondern eine Bestätigungsgruppe. Entwicklung braucht jedoch Vielfalt von Meinungen und Konfrontation mit anderen Standpunkten. Sie braucht Dissonanz, nicht Harmonie. All das kann eine homogene Gruppe gleich denkender Menschen nicht bieten. Zugegeben, es ist nicht jedermanns Sache, man ist auch nicht immer bereit, Konflikte auszutragen und Auseinandersetzungen zu suchen oder ihnen zumindest nicht aus dem Weg zu gehen. Wir brauchen manchmal die Oasen der Gleichgesinnten, die uns Bestätigung geben und den Selbstwert aufrichten. Doch ebenso notwendig ist es, zumindest gelegentlich den Schutz der Harmonie zu verlassen und sich dem frischen Wind gegensätzlicher Meinungen auszusetzen.

„Sie haben ein Holzbein. Sind Sie etwa ein Tisch?"
Frank Zappa (auf die Frage eines Moderators, ob er eine Frau sei, weil er
lange Haare habe)

„Schön ist gut" und andere Vereinfachungen

Mit Stereotypen gegen Vielfalt

Wie lange brauchen Sie, um eine Person richtig einzuschätzen? Sekunden, Tage, ein Leben lang? Diese Frage ist schwer zu beantworten – es spießt sich am Wort „richtig". Ob wir das überhaupt können, ist nicht ganz klar. Klar ist allerdings, dass wir glauben, es zu können. Und zwar in Sekunden.

Die Einschätzung der Mitmenschen aufgrund äußerer Merkmale, ihres Aussehens, der Körpersprache, Gestik, Mimik und so weiter ist für uns alle äußerst wichtig. Wir müssen wissen, was wir von einer Person zu erwarten haben, ob sie vertrauenswürdig, ängstlich, besonnen, aggressiv oder anderweitig relevant ist. Um uns diese schwierige Aufgabe zu erleichtern, wurden wir – wieder einmal – von der Natur mit einem Vereinfachungsprogramm ausgestattet. Bei der Personenwahrnehmung hilft uns ein wirkungsvoller Mechanismus, die sogenannten Stereotype (siehe Infokasten S. 66). Damit haben wir ein Instrument zur Hand, mit dem wir eine Person in Sekundenschnelle aufgrund weniger Merkmale einordnen können, ohne erst eine Menge von Daten verarbeiten zu müssen. Der Nachteil: Wir erfassen sie nicht in ihrer Vielfalt und Individualität. Doch für die meisten Situationen genügt das völlig. Wir gehen dabei offensichtlich nach dem Prinzip vor: zuerst einordnen und erst dann genau hinschauen. Wenn wir für das genaue Hinschauen nicht genügend Zeit und Interesse haben, bleibt es eben bei der oberflächlichen Einordnung in eine Kategorie wie „typischer Angeber", „typischer Intellektueller", „typischer Pedant" und so weiter. Damit kommen wir im Alltag ganz gut zurecht.

⚷ Kurz erklärt: Stereotyp

Ein Stereotyp ist eine vereinfachte Beschreibung von Personen oder Gruppen, wie zum Beispiel „die Banker", „die Deutschen", „die Gutmenschen", „die Intellektuellen" und so weiter. Mit einer Handvoll Merkmalen kann man eine Person in ein solches Klischee einordnen. Bei der Erwähnung eines Stereotyps weiß der Gesprächspartner in der Regel, was er sich darunter vorzustellen hat und welche Eigenschaften damit verbunden sind. Dadurch „erspart" man sich die Erfassung eines Individuums in seiner Vielfalt und Einzigartigkeit. Die Zuordnung einer Person zu einem Stereotyp ist ein automatisch ablaufender Prozess und muss nicht bewusst vorgenommen werden. Im Gegenteil: Er lässt sich kaum verhindern. Der Begriff Stereotyp wurde von Walter Lippmann in die Wissenschaft eingeführt. Er definiert dieses Phänomen als Vereinfachungsmechanismus zur Erfassung der Welt und zur Abwehr einer umfassenden Detailerfahrung. Stereotype sind für unser soziales Leben unerlässlich. Trotzdem besteht die Gefahr, dass die Grenze zum Vorurteil überschritten wird. Diese beiden Phänomene unterscheiden sich jedoch: Stereotype sind vereinfachte Zuordnungen, während Vorurteile negative Bewertungen enthalten.

Ginge es auch anders? Könnten wir ohne Stereotype bei der Personenwahrnehmung auskommen? Wohl kaum. Wir müssten dann die Menschen in all ihrer Vielfalt erfassen, und das ist aufgrund der zu verarbeitenden Informationsmengen schlicht unmöglich. So behelfen wir uns eben mit Stereotypen. Besonders dann, wenn unsere Aufmerksamkeit von mehreren Aufgaben in Anspruch genommen wird oder Zeitdruck besteht, haben wir keine Chance, Personen in allen Details zu erfassen und müssen sie aus Gründen der Ökonomie wie Kategorien behandeln. Nur bei Menschen, mit denen wir in engem Kontakt sind, Familienmitgliedern, Freunden oder Arbeitskollegen, können wir uns den Luxus leisten, sie in ihrer Individualität wahrzunehmen.

Die Erfassung von Personen als Stereotype zeigt, wie unsere Wahrnehmungsprozesse ablaufen. „In den meisten Fällen schauen wir nicht zuerst und deuten dann, wir deuten zuerst und schauen dann", stellt Walter Lippmann, der Namensgeber dieses Phänomens fest (Lippmann, S. 33). Er beschreibt es sehr anschaulich und, wie mir scheint, auch ein wenig ironisch: „Die Stereotype mögen kein komplettes Bild der Welt darstellen, aber sie sind das Bild einer möglichen Welt, an die wir angepasst sind. In dieser Welt haben Menschen und Gegenstände ihren bekannten Platz, und sie verhalten sich auf die Weise, die von ihnen erwartet wird. Wir fühlen uns dort daheim. Wir sind daran angepasst. Wir gehören dazu. Wir wissen, wo es langgeht. Dort finden wir den Charme des Bekannten, des Normalen, des Zuverlässigen" (Lippmann, S. 38, meine Übersetzung).

Wir tun uns schwer damit, solche Stereotype in Frage zu stellen oder gar aufzugeben. Sie werden vielmehr mit Zähnen und Klauen verteidigt, denn jede Attacke auf sie ist ein Angriff auf unser Universum. Dazu wieder Walter Lippmann: „Ein Set von Stereotypen ist nicht nur eine Möglichkeit, das blühende, schwirrende Durcheinander der Realität durch eine Ordnung zu ersetzen. Es ist nicht nur eine Verkürzung. Es ist all das und noch viel mehr. Es ist die Garantie für unsere Selbstachtung. Es ist die Projektion unserer eigenen Ansichten, unserer eigenen Werte und unserer eigenen Rechte auf die Welt." (Lippmann, S. 38)

Die Einordnung von Menschen in Stereotype ist gewissermaßen eine Notwehrreaktion, da wir nicht in der Lage sind, sie
in ihrer Komplexität zu erfassen. Mit diesem groben Schema
werden wir der Vielfalt und der Besonderheit der anderen
zwar nicht gerecht, dennoch haben wir immer den Eindruck,
uns ein zutreffendes Bild der jeweiligen Person zu machen.
Kein Wunder, denn wir nehmen die Menschen so wahr, dass
unsere Beurteilung, wie zum Beispiel „typischer Italiener",
„typischer Banker" oder „typischer Sozialist" bestätigt wird.
Allerdings ist es nicht immer notwendig, Menschen innerhalb von Sekunden in eine Schublade bugsieren, aus der sie
dann kaum wieder herauskommen. Oft hätten wir genügend
Zeit, sie einfach auf uns wirken zu lassen, ohne sie gleich zu
bewerten und einem Stereotyp zuzuordnen. Doch es mangelt
meist an der Bereitschaft dazu. Offenheit und Neugier wären
gute Helfer gegen eine oberflächliche Beurteilung der Mitmenschen.
Sie werden merken, dass es sehr schwierig ist, zu verhindern,
dass die „Falle Stereotyp" zuschnappt. Nur allzu eilfertig bietet uns die Psyche diesen Service an. Sie werden aber auch
feststellen, dass man lernen kann, gegenzusteuern. Fürs Erste würde es schon genügen, stressfreie Situationen für eine
möglichst wertfreie Erfassung anderer Menschen zu nützen.
Dann besteht die Chance, dass dies auch unter Druck gelingt.

Stereotype sind somit wirksame Instrumente zur Herstel-
lung von innerer und äußerer Harmonie. Wir ordnen damit
unsere Welt so, dass wir uns darin aufgehoben fühlen. Dass
dabei das „schwirrende Durcheinander der Realität" grob
vereinfacht oder überhaupt verfälscht wird, nehmen wir wohl
oder übel in Kauf.

Der Halo-Effekt

Eine spezielle Form der Vereinfachung bei der Personenwahrnehmung besteht darin, dass wir die Fähigkeit – eigentlich
müsste man sagen, den Wahrnehmungsfehler – besitzen, von
einer bekannten Eigenschaft auf andere zu schließen und so
einen Zusammenhang zwischen Merkmalen herzustellen, die
überhaupt nichts miteinander zu tun haben. Dieses Phänomen wird als „Halo-Effekt" bezeichnet (siehe Infokasten).

Ein Merkmal, das wir an einer Person problemlos feststellen
können, ist die physische Attraktivität. Karen Dion von der
University of Minnesota untersuchte mit Kolleginnen, ob
ein angenehmes Äußeres mit anderen
Eigenschaften in Zusammenhang gebracht wird. Es ging also nicht darum,
ob eine solche Beziehung tatsächlich
besteht, sondern darum, ob eine solche angenommen wird, das heißt, ob
sie in den Gehirnen der Testpersonen
existiert.

    Dreißig männliche und dreißig
weibliche Studierende der Psychologie an der University of Minnesota
erhielten jeweils drei Fotos zur Beurteilung, und zwar je eines einer sehr
attraktiven, einer wenig attraktiven
und einer Person mit durchschnitt-
lichem Aussehen. Der Grad der Attraktivität war in einem
Vortest durch Punktbewertung festgelegt worden. Abgebildet
waren gleich viele Männer wie Frauen. Zu jedem Bild hatten
die Testpersonen Fragen zu verschiedenen Persönlichkeits-
zügen zu beantworten. Zuvor wurde ihnen mitgeteilt, es gehe

Kurz erklärt: Der Halo-Effekt

Der amerikanische Psycho-
loge E. L. Thorndike, der
dieses Phänomen als Erster
beschrieb, nahm an, dass eine
auffällige Eigenschaft einer
Person die anderen überstrah-
le, sodass diese von den Mitmenschen nicht wahrgenom-
men werden können. Daher die
Bezeichnung Halo-Effekt vom
griechischen *halos* (Lichtring).

bei dem Experiment um die Zuverlässigkeit der Personen-wahrnehmung.

Die Ergebnisse bestätigten die These der Forscherinnen: „Was schön ist, ist gut" („What is beautiful is good") eindrucksvoll.

- Attraktiven Personen werden mehr sozial erwünschte Eigenschaften zugeordnet.
- Man traut ihnen eher zu, bedeutende Jobs zu bekleiden.
- Es wird ihnen auch zugestanden, glücklichere Beziehungen zu führen
- und in ihrem gesellschaftlichen und beruflichen Leben mehr Erfüllung und Zufriedenheit zu finden.

Und das alles aufgrund des vorteilhaften Aussehens. Lediglich in der Rolle als Eltern schnitten die Attraktiven nicht besser ab.

Das noch eindrucksvollere Ergebnis liegt für mich zwischen den Zeilen und Zahlen. Keine der Testpersonen sagte, sie könne doch nicht aufgrund eines Fotos sagen, ob die dargestellte Person eine glückliche Ehe führe oder einen tollen Job habe. Alle waren offensichtlich davon überzeugt, das zu können. In Wahrheit wird durch das Bild nur ein Klischee abgerufen: Physische Attraktivität bedeutet Beliebtheit, Erfolg, Glück. Das Schlimme ist, dass wir nicht nur im Experiment, sondern auch im Alltag mit Vereinfachungen dieser Art unsere Mitmenschen beurteilen und sie auch entsprechend behandeln. Attraktive Schüler bekommen bessere Noten, gut aussehende Angeklagte erhalten geringere Strafen, attraktive Bewerber räumen die einträglicheren Jobs ab. Das sind keine Behauptungen, sondern durch Studien belegte Fakten. Damit dieses System funktioniert, kommt es nicht darauf an, dass gut aussehende Schüler, Angeklagte oder Bewerber tatsächlich gescheiter, unschuldiger oder tüchtiger sind. Es genügt die Erwartung, dass diese Zuschreibungen zutreffen. Nach dem Prinzip der „Selffulfilling Prophecy" verhalten wir uns so, als ob die Annahme zuträfe und tragen somit selbst dazu bei, dass sie sich erfüllt. Man mag ja den Attraktiven ihre Erfolge gönnen, doch wie kommen die weniger Attraktiven dazu, unter ihrem Wert geschlagen zu werden?

„Schwarzer" Tag für die Frauenrechte

Am 8. Februar 2014 wurde in der Öffentlichkeit bekannt, dass Alice Schwarzer, die prominente deutsche Frauenrechtlerin und Herausgeberin der Zeitschrift „Emma", jahrzehntelang Steuern hinterzogen hatte. Das war nicht nur für die Steuersünderin, die 200.000 Euro nachzahlen musste, ein schwarzer Tag. Der Name Alice Schwarzer steht für außerordentliche Verdienste um die Rechte der Frauen. Selbstverständlich haben diese nichts mit Steuermoral zu tun und müssten trotz dieser Verfehlung unangetastet bleiben. Wenn der verflixte Halo-Effekt nicht wäre. In Zukunft wird bei jeder noch so berechtigten Forderung und jeder noch so gescheiten Aussage Schwarzers etwas vom Steuerskandal mitschwingen. Eine positive Eigenschaft kann weniger gute überstrahlen, doch es kann auch ein negatives Ereignis großartige Leistungen beschädigen. Eine Differenzierung und getrennte Bewertung der Eigenschaften wäre schon aus Gründen der Fairness wünschenswert, findet jedoch meist nicht statt. Da ist es einfacher, die ganze Person aufgrund eines einzelnen herausragenden Merkmals hochleben zu lassen oder zu verdammen.

Alle Menschen haben zwei sehr gegenläufige Bedürfnisse. Einerseits streben sie nach Konformität und wollen Bestätigung, Schutz und Anerkennung durch ihre Mitmenschen. Andererseits möchten sie ihre Individualität ausdrücken, sich gegenüber anderen abgrenzen und als etwas Besonderes gelten. Beide Tendenzen lassen sich nur schwer unter einen Hut bringen. Eigenartigerweise gibt es ein Feld, auf dem man beide Bedürfnisse ausleben kann: die Mode. Wer sein Outfit nach einem bestimmten Stil auswählt, passt sich damit einer Gruppe ähnlich gekleideter und ähnlich gesinnter Menschen an und wird zu deren Repräsentanten. Gleichzeitig drückt man damit Individualität aus, indem man sich gegenüber anderen abgrenzt. Mode richtet gewissermaßen unterschiedliche Botschaften an unterschiedliche Adressaten. Nach innen, an die eigene Gruppe: „Ich bin wie ihr", und nach außen: „Ich bin anders".

Von dieser „Doppelfunktion" lebt die Modeindustrie ganz gut. Besonders empfänglich für deren Verlockungen sind Jugendliche, die ihre Identität zwischen den Polen Anpassung und Besonderheit noch suchen. Als Zielgruppe sind sie überaus interessant, da sie, zumindest in den westlichen Industrieländern, über enorme Kaufkraft verfügen und auch ihre Eltern in Stylefragen beraten. Der Philosoph und Soziologe Georg Simmel drückt diese Gratwanderung so aus: „Die Mode ist so der eigentliche Tummelplatz für Individuen, welche innerlich und inhaltlich unselbständig, anlehnungsbedürftig sind, deren Selbstgefühl doch einer gewissen Auszeichnung, Aufmerksamkeit, Besonderung bedarf. Sie erhebt eben auch den Unbedeutenden dadurch, dass sie ihn zum Repräsentanten einer Gesamtheit macht, er fühlt sich von einem Gesamtgeist getragen" (Simmel, S. 52).

Dem Modediktat kann sich niemand entziehen. Auch wer sich dazu entschließt, keinen Modetrend mitzumachen und Kleidungsstücke trägt, die vielleicht vor 20 Jahren, möglicherweise aber nie en vogue waren, gibt damit ein Statement ab: „Ich bin einer von diesen Modeverweigerern; ich habe es nicht nötig, mein Ego durch Kleidung aufzuwerten." Der Bekleidungsstil ist Kommunikation, und man kann, wie schon Paul Watzlawick feststellte, nicht *nicht* kommunizieren.

Es gehört zu den Charakteristika der Mode, dass sie einem ständigen Wandel unterliegt und ihre Trends sehr kurzlebig sind. Sie erfindet sich ständig neu, das Vergangene zählt nicht. Karl Lagerfeld, eine Ikone der Haut Couture, drückte es bei einer Ausstellungseröffnung in Hamburg 2014 drastisch aus: „Ich habe keine Ahnung von der Vergangenheit. Man muss über Leichen gehen. Auch über die eigene." Modefreaks haben daher, wenn sie up to date sein wollen, den Nachteil, viel Geld in ihr Outfit investieren zu müssen, sie genießen jedoch auch einen Vorteil. Ohne selbst Entscheidungen treffen zu müssen, einfach dadurch, dass sie kaufen, was „in" ist, können sie in der Illusion leben, modern, auf der Höhe der Zeit und innovativ zu sein. Je schneller sie auf solche Trends aufspringen, desto eher erhalten sie dieses begehrte Etikett. In Wahrheit sind sie jedoch bloß Nachahmer, denn: Modebewusste wissen nicht, was sie in der nächsten Saison tragen werden, das bestimmen nämlich andere. Sie wissen aber schon heute, was sie mit dieser Kleidung, wie immer sie aussehen mag, ausdrücken wollen.

Die modischen Ausformungen und die damit verbundenen Statements sind im Alltag relativ harmlos. Eine Ausnahme bilden Gruppen wie die Punks oder die Gothics. Bei ihnen ist die Trennung zwischen innen und außen sehr scharf. Sie wollen sich gegenüber den anderen nicht nur abgrenzen, sondern diese sogar schockieren.

Vor dem Hintergrund der Art und Weise, wie wir andere Menschen wahrnehmen und wie wenig wir bereit sind, sie in ihrer Individualität zu erfassen und sie stattdessen aufgrund äußerer Merkmale blitzschnell einer Kategorie zuordnen, gewinnt Mode eine besondere Bedeutung, denn sie kommt genau diesem Bedürfnis entgegen. Mode gibt dem Träger die Möglichkeit, eine Zugehörigkeit zu einer bestimmten Gruppe auszudrücken. Und damit erleichtert er es den anderen, ihn eben dieser zuzuordnen. Mode ist, so betrachtet, ein Phänomen, das die Vereinfachungstendenz des Menschen bei der Wahrnehmung anderer Individuen ideal unterstützt.

„Das Vorurteil ist ein unentbehrlicher Hausknecht, der lästige Eindrücke von der Schwelle weist. Nur darf man sich von seinem Hausknecht nicht selber hinauswerfen lassen."
Karl Kraus

„Die Unwissenheit kommt der Wahrheit näher als das Vorurteil."
Wladimir Iljitsch Lenin

Das Vorurteil

Wir und die Fremden

Griechen sind faul, Italiener sind laut, Polen stehlen, Engländer sind Snobs, Frauen können nicht rechnen, Migranten sind Sozialschmarotzer. Mit solchen und ähnlichen Verallgemeinerungen haben wir die Vielfalt der Nationen und Gruppen locker im Griff und schaffen Ordnung in einer komplexen Welt. Diese Vorurteile, denn um solche handelt es sich, funktionieren zwar ähnlich wie Stereotype, sie gehen jedoch weit über diese Vereinfachungsmechanismen hinaus. Im wissenschaftlichen und wohl auch im alltäglichen Gebrauch hat sich die Definition durchgesetzt, dass Vorurteile nicht nur verallgemeinernde, sondern negative Bewertungen von Gruppen und Individuen sind. Damit werden diese nicht nur in Schubladen gesteckt, sie werden zusätzlich auch noch abgewertet. Vorurteile sind in der Regel emotional stark aufgeladen. Man merkt dies daran, dass sie wesentlich vehementer verteidigt werden als andere Einschätzungen.

Ähnlich wie bei der Beurteilung von Personen durch Stereotype, bei der einige Merkmale zur Erfassung des gesamten

Individuums ausreichen, werden beim Vorurteil die Merkmale einiger Vertreter auf die gesamte Gruppe projiziert. Es genügt, einige Franzosen, Japaner oder Amerikaner zu kennen, oft braucht man nicht einmal das, und schon hat man ein fertiges Bild der Population im Kopf. Das ist gewissermaßen der normale Vereinfachungsmechanismus, mit dem wir es gewohnt sind, an die Vielfalt der Welt heranzugehen. Doch bei Vorurteilen kommen psychische Prozesse hinzu, die aus einer oberflächlichen Beurteilung eine Diskriminierung machen. Als besonders wirkungsvoll erweist sich dabei die strenge Abgrenzung der eigenen Gruppe von anderen, die als fremd und bedrohlich erlebt werden.

Von der Heimatliebe zur Fremdenangst

Die in Österreich geborene und in die USA emigrierte Psychologin und Psychoanalytikerin Else Frenkel-Brunswik stellte aufgrund ihrer Forschungen einen Zusammenhang zwischen einer ethnozentrischen Einstellung (siehe Infokasten) und der Neigung zu Vorurteilen her. Menschen mit einer solchen Neigung beschreibt sie als starr, konservativ und im Grunde unsicher. Sie seien daher an festen Grundsätzen interessiert, anfällig für Autoritäten und ängstlich gegenüber äußeren Gefahren, die sie häufig überschätzten. Bei ihnen hätten Familie, Angehörige und Besitz einen hohen Stellenwert.

Gegen die Wertschätzung der eigenen Gruppe wäre ja nichts einzuwenden, wäre sie nicht mit der Abwertung der anderen verbunden, die nicht dazugehören. Doch gerade eine solche Tendenz wurde empirisch nachgewiesen. Der amerikanische Psychologe Gordon W. Allport berichtet von einem deutlichen Zusammenhang zwischen Patriotismus und der

Abweisung von Fremdgruppen und Minderheiten (Allport, S. 144).

Die Vorurteile gegenüber anderen leisten demjenigen, der sie hat, wertvolle Dienste. Durch die starke Identifikation mit der eigenen Gruppe werden die eigene Lebensart, die eigenen Werte und Sichtweisen bestätigt. Und durch die gleichzeitige Abwertung der anderen, der Fremden, wird der eigene Selbstwert erhöht. Eine ausgesprochene Win-win-Situation, sofern man nicht der Gruppe angehört, die mit dem Vorurteil belegt wird. Die Abwertung von Gemeinschaften, die andere Werte und Lebensgewohnheiten haben, hilft nicht nur, den eigenen Selbstwert zu steigern, sie erleichtert es auch, die Solidarität zu verweigern. Die gegenwärtig schwierige Situation in der EU als Folge der Finanz- und Wirtschaftskrise sowie der stark angestiegenen Zuwanderung bietet ein Beispiel dafür. Wenn man die Be-

Kurz erklärt: Ethnozentrismus

Ethnozentrismus bedeutet Voreingenommenheit gegenüber anderen Gruppen. Menschen mit dieser Neigung sind der Überzeugung, dass die eigene Gruppe den anderen überlegen sei. Ihre eigenen Werte, ihr Lebensstil, ihre Kultur und religiöse Überzeugung werden als Maßstab genommen, mit dem andere Gruppen bewertet werden. Es geht dabei nicht nur um ethnische Gruppen oder Nationen, sondern um jede Art von Gruppen, denen sich ein Individuum zuordnet und die für sein Selbstverständnis wichtig sind. Charakteristisch für Menschen mit einer Neigung zu Ethnozentrismus ist der starke Bezug nach innen, zur eigenen Gruppe und die strikte Abgrenzung nach außen, zu den anderen.

völkerung von Ländern in wirtschaftlicher Schieflage wie Griechenland, Portugal, Spanien und Italien als faul, unfähig und korrupt einschätzt, die eigene Gruppe hingegen als tüchtig, fleißig und ehrlich, dann fällt es leicht, diesen Populationen die Schuld für ihre Misere anzulasten, was möglicherweise zutreffend ist oder auch nicht. Vorurteile helfen, den

„schuldhaft Armen" oder „schuldhaft Erfolglosen" nicht nur die Hilfe, sondern auch das Mitgefühl zu verweigern, denn dieses würde einen dissonanten Zustand herbeiführen. Da ist es doch angenehmer, in Harmonie mit sich selbst und ohne schlechtes Gewissen in Untätigkeit zu verharren. Dabei ginge es nicht nur darum, diesen Ländern mit Krediten oder Bürgschaften unter die Arme zu greifen, sondern auch darum, bereit zu sein, sie mit deren Werten und Lebensstilen zu schätzen, obwohl diese anders sind. Dies betrifft auch die Flüchtlinge, die derzeit in großer Zahl in Europa Zuflucht suchen. Konkrete Hilfe ist teuer, doch auch Mitgefühl ist nicht gratis. Es kostet psychische Energie.

Vorurteile sind ansteckend

Vorurteile werden nicht vererbt, sondern durch Ansteckung weitergegeben. Sie gedeihen dort am besten, wo viele Menschen Vorurteile haben und nicht so sehr dort, wo man häufig Vertretern einer Gruppe begegnet, die mit dem Vorurteil belegt sind. Das zeigt sich auch an der sogenannten „Pegida"-Bewegung („Patriotische Europäer gegen die Islamisierung des Abendlandes"), die ausgerechnet in Dresden entstand, wo der Migrantenanteil mit 0,2 Prozent besonders niedrig ist.

Der bereits zitierte amerikanische Psychologe Gordon W. Allport kommt aufgrund eigener Studien sowie der Ergebnisse anderer Forscher zu der Überzeugung, dass Vorurteilshaftigkeit eine Eigenschaft der Persönlichkeit sei. „[Das] Vorurteil wächst von selbst, wenn es in einer Persönlichkeit Wurzeln schlägt. Der spezifische Gegenstand ist mehr oder weniger unwichtig. Die gesamte Persönlichkeit ist betroffen; Angst und Feindseligkeit wachsen systematisch" (Allport, S. 145).

Vorurteile breiten sich nicht nur von Mensch zu Mensch aus, auch innerhalb eines Individuums haben sie die Tendenz, immer weitere Bereiche zu erfassen. Die angeführten Studien zeigen, dass Vorurteile positiv miteinander korrelieren. Das bedeutet, dass Voreingenommenheit gegenüber einer Gruppe meist mit der Ablehnung auch anderer Gruppen verbunden ist. Die oft gehörte Beteuerung: „Ich bin ja sehr tolerant, aber die XY lehne ich ab" ist vor diesem Hintergrund nicht sehr glaubwürdig. Allport berichtet von einer amerikanischen Studie, bei der sich herausstellte, dass Menschen, die Hippies ablehnen, auch Schwarzen mit Skepsis begegnen, obwohl diese beiden Gruppen nichts miteinander zu tun haben.

Die Angst vor dem Fremden kennt keine Zeit und keinen Ort, sie ist immer und überall anzutreffen. Was glauben Sie, aus welchem Land die folgende Aussage eines politischen Agitators stammt?

„Wann wird das ordentliche, treue und schafsgeduldige Volk von XY aufwachen und die Tatsache begreifen, dass seine öffentlichen Angelegenheiten von Ausländern, Kommunisten, Verrückten, Flüchtlingen, Renegaten, Sozialisten, Wühlern und Verrätern gesteuert und verwaltet werden?" (Allport, S. 140).

Kommen Ihnen solche Töne bekannt vor? Keine Sorge, das Zitat stammt aus den USA und wäre bei uns nicht möglich. Oder doch?

Es wird oft die These vertreten, dass Voreingenommenheit mit dem Bildungsgrad, der Intelligenz, der sozialen Schicht oder Sonstigem zusammenhinge. In der Forschung konnte dies jedoch nicht bestätigt werden. Allenfalls unterscheiden sich diese Gruppen in der Art ihrer Vorurteile. Man muss daher nicht nur immer und überall, sondern auch bei jedermann mit Vorurteilen rechnen. Auch Geistesgrößen sind davor nicht gefeit. Der große Philosoph und Ethiker Immanuel

Kant vertrat in seinen Geografie-Vorlesungen die Ansicht, es gebe einen angeborenen Nationalcharakter. Er sprach von rachsüchtigen Chinesen, untreuen „Hinterindern", tapferen Arabern und faulen Indianern. Damit zeigte er genau die Haltung, die den Ethnozentrismus ausmacht, denn die eigene Gruppe beschrieb er geradezu hymnisch: „Die Menschheit ist in ihrer größten Vollkommenheit in der Rasse der Weißen" (zitiert nach Guthke 2007). Und diese „erstaunlichen" Feststellungen traf Immanuel Kant, obwohl er in seinem Leben über Königsberg nie hinauskam.

Der teuflische Mechanismus des Vorurteils

Vorurteile sind keine harmlose Vereinfachung bei der Erfassung der Eigenheit von Völkern und Gruppen. Ihre schädliche Wirkung besteht darin, dass Menschen, die anderen gegenüber voreingenommen sind, diese so beurteilen, dass ihre abwertende Meinung bestätigt wird. Aber nicht nur das. Individuen, die mit einem Vorurteil belegt sind, befinden sich in einer Doppelmühle. Sie werden negativ bewertet und tragen auch selbst, natürlich ohne es zu wollen, dazu bei, dass diese Einschätzung bestätigt wird.

Ein gängiges Vorurteil ist zum Beispiel, dass Frauen im Rechnen unbegabt seien. Forscher am Dartmouth College in Hanover (New Hampshire) legten 42 Frauen eine Liste von Gleichungen in der Art „6 x 3 – 4 = 14" mit der Aufgabe vor, anzugeben, ob die Gleichungen stimmten (siehe C. C. Wolf, S. 56ff.). Zwischen dem ersten und dem zweiten Testdurchgang sagte der Versuchsleiter einem Teil der Probandinnen, dass es um die Erforschung des Geschlechterunterschieds bei mathematischen Fähigkeiten gehe. Den anderen wurde hingegen mitgeteilt, es würden die individuellen Unterschiede interessieren. Danach erhielten alle Testpersonen einen weiteren Satz von Gleichungen, die deutlich kniffliger waren. Allein durch den Hinweis auf Geschlechterunterschiede wurde bei den Frauen das Vorurteil aktiviert, sie seien im Rechnen weniger gut als Männer. Das genügte völlig, um sie im zweiten Durchgang deutlich abbauen und signifikant schlechtere Leistungen erzielen zu lassen als die Teilnehmerinnen der Kontrollgruppe, die ihre Ergebnisse sogar steigern konnten.

Dieses Experiment zeigt den teuflischen Mechanismus des Vorurteils. Die betroffenen Personen werden unter Druck gesetzt, beweisen zu müssen, dass die diskriminierenden Erwartungen nicht zutreffen. In dieser Stresssituation versagen sie häufig und bestätigen dadurch das Vorurteil.

Diese Situation erinnert an einen alten, aber sehr treffenden Therapeutenwitz: Eine Frau – oder sagen wir lieber: ein Mann, um nicht das Klischee zu bedienen, Frauen seien ängstlicher als Männer – ging zu einem Psychotherapeuten, da er glaubte, eine Maus zu sein. Der Therapeut war zunächst ratlos, doch nach acht Sitzungen hatte er es geschafft. Der Mann bekundete seine Überzeugung, keine Maus mehr zu sein und verließ „geheilt" die Praxis. Doch schon Augenblicke später stürzte er wieder herein und mit Entsetzen in den Augen stieß er hervor: „Helfen Sie mir, da draußen ist eine Katze!" – „Aber Sie haben doch selbst gesagt, dass Sie nun wüssten, dass Sie keine Maus sind", sagte der Therapeut. Darauf der Klient: „Ich schon. Aber weiß das auch die Katze?"

Dieser Witz mit ernstem Hintergrund macht deutlich, warum es so schwierig ist, eine lästige Eigenart oder Gewohnheit loszuwerden. Unser Verhalten hängt eben sehr stark davon ab, welche Erwartungen wir bei einem Gegenüber vermuten. Dies gilt insbesondere dann, wenn Angst im Spiel ist. Nehmen wir an, jemand ist körperlich ungeschickt oder hat Schwierigkeiten, sich auf eine Aufgabe zu konzentrieren und

Vorurteile sind wie eine Vergiftung der Seele, die die Tendenz hat, ständig weitere Bereiche zu infizieren. Es zahlt sich daher aus, etwas dagegen zu unternehmen. Trotz der flächendeckenden Verbreitung der Vorurteile ist es nicht hilfreich, einfach zu sagen: „Vorurteile sind menschlich" und zur Tagesordnung überzugehen. Es stimmt, sie sind weitverbreitet und überaus hartnäckig. Albert Einstein meinte sogar, dass es schwieriger sei, eine vorgefasste Meinung zu zertrümmern als ein Atom.

Ein erster Schritt zum Abbau von Vorurteilen könnte darin bestehen, sich diese bewusst zu machen. Am hartnäckigsten sind solche Voreingenommenheiten, von denen man nicht einmal weiß, dass man sie hat und die man also für die Realität hält. Vorurteile entspringen in der Regel nicht der Absicht, schlecht von anderen zu denken. Es ist noch schlimmer. Sie entspringen der Überzeugung, dass die anderen schlecht sind. Dadurch besteht bei Vorurteilen auch keine kognitive Dissonanz, die einen Lernprozess anstoßen könnte.

Helfen Informationen? Üblicherweise verändert sich die Einstellung zu einem Gegenstand, wenn man sich damit beschäftigt und mehr Informationen über ihn sammelt. Im Fall

ist deshalb als „Tollpatsch" oder „Schussel" verschrien. Und nehmen wir weiter an, diese Person bügelt mit Therapie und Training diese Schwächen aus. Damit ist es aber noch nicht getan. Von den Freunden und Bekannten wird weiterhin jede noch so kleine Ungeschicktheit oder Unkonzentriertheit als Bestätigung für die bestehenden Vorurteile aufgefasst werden. Und bei der therapierten Person wird das Bewusstsein, dass die anderen diese Vorurteile hegen, genau dieses Verhalten, der Vorurteile führt das jedoch häufig nicht zum Ziel, denn jede neue Erfahrung wird aus dem Blickwinkel des Vorurteils betrachtet und entsprechend bewertet. Günstig wäre es, mit Offenheit und Neugier dem Fremden zu begegnen und nicht die eigenen Werthaltungen, Rituale und Gewohnheiten als Maßstab anzulegen.

„Persönlicher Kontakt bedeutet zunächst nur eine Möglichkeit, zu richtigen Kenntnissen zu kommen", meint Anitra Karsten, „eine freundliche Grundeinstellung wird auf diese Weise nur vorbereitet." (Karsten, S. 128) Vielleicht ist die optimistische Einschätzung des Nobelpreisträgers Konrad Lorenz tatsächlich wahr: „Kein Mensch kann ein Volk hassen, von dem er mehrere Einzelmenschen zu Freunden hat." (Lorenz, S. 401)

Wer von Freunden und Kollegen umgeben ist, die ausgeprägte Vorurteile haben und diese auch ausleben, wird sich diesen Einflüssen nur schwer entziehen können. Wenn Sie keine Möglichkeit sehen, Ihren Einfluss auf eine Wahrnehmung der Welt mit mehr Objektivität und Toleranz geltend zu machen, ist es unter Umständen notwendig, sich aus einer derart vergifteten Atmosphäre zu entfernen.

das mit der Voreingenommenheit belegt ist, auslösen oder begünstigen.

Wir alle sind sozial eingebunden. Es genügt daher nicht, ein Verhalten zu ändern. Es ist auch notwendig, dass die anderen lernen, dass Sie sich geändert haben und dass Sie das wissen, denn: Erst wenn Sie wissen, dass die Katze weiß, dass Sie keine Maus sind, sind Sie keine Maus mehr. Oder Sie pfeifen einfach auf die Meinung der Katze.

„Wer die Vergangenheit beherrscht, beherrscht die Zukunft; wer
die Gegenwart beherrscht, beherrscht die Vergangenheit."
George Orwell

In Harmonie mit der Vergangenheit

Erinnern ist neuerliches Wahrnehmen

George Orwell beschreibt in seinem dystopischen Roman
„1984" eine erschreckende Welt. In einem totalitären Staat
wird die Vergangenheit von eigens dafür abgestellten Personen akribisch umgeschrieben, wenn sie nicht mehr zur ak-
tuell geltenden politischen Sprachregelung passt oder wenn
Prognosen sich als falsch herausgestellt haben. Ein sehr auf-
wendiger Prozess, der das Ziel hat, jeden Widerspruch zwischen den gegenwärtigen Aussagen von Politikern und einem
früher abgegebenen Statement im Nachhinein auszubügeln,
denn, so die Doktrin der Machthaber: „Wer die Vergangenheit beherrscht, beherrscht die Zukunft; wer die Gegenwart
beherrscht, beherrscht die Vergangenheit."

Bevor Sie sich entrüstet von solchen Praktiken abwenden,
die George Orwell als beklemmende Vision beschreibt, muss
ich Sie darauf hinweisen, dass sich genau solche Prozesse tagtäglich in unseren Gehirnen abspielen. Unsere Psyche geht
ziemlich rigoros dabei vor, Harmonie zu erzeugen und nur ja
keine Kluft zwischen dem Gestern und dem Heute, zwischen
den gespeicherten Erinnerungen und dem gegenwärtigen
Handeln und Erleben entstehen zu lassen.

Sie werden sich vielleicht fragen, wie es das Gehirn schafft, ein Erleben, das in der Erinnerung gespeichert ist, nachträglich zu verändern. Man hört ja oft, dass der Mensch zwar die Zukunft ändern könne, nicht jedoch die Vergangenheit. So ist es aber nicht. Gerade in der Veränderung der Vergangenheit, zumindest jener Vergangenheit, die in unserer Erinnerung gespeichert ist, sind wir alle große Meister. Darauf haben wir den vollen Zugriff, während die Gestaltung der Zukunft weitgehend von äußeren Umständen abhängig ist.

Wenn wir beim Erinnern vergangenes Erleben aus den Gehirnspeichern in das Bewusstsein rufen, sehen wir diese Ereignisse mit unserem heutigen Wissen und den gegenwärtigen Einstellungen. Mit dieser meist veränderten Sichtweise wird das Vergangene betrachtet und dann als neue Erinnerung wieder abgelegt. Und wo ist die alte, unverfälschte Gedächtnisspur? Die ist für immer verloren und kann auch nicht rekonstruiert werden, denn in den Speichern des Gehirns befindet sich nur noch die „Neuauflage". Erinnern ist wie neuerliches Wahrnehmen. Es ist kein Buch, das man aus dem Regal nimmt, darin liest und es dann, abgesehen von Benützungsspuren, unverändert zurückstellt. Es ist eher so, als würde man den Text nur als Anregung nehmen, ihn aus heutiger Sicht neu schreiben und diese Neufassung zurückstellen. Wir sind somit nicht Zeugen, sondern Autoren oder Interpreten unserer Erinnerungen. Im Rückspiegel unseres Lebens sehen wir nicht die Vergangenheit, sondern das damals Erlebte mit den „heutigen Augen".

Wie leicht Erinnerungen verfälscht werden können, zeigt ein Experiment, das die US-amerikanische Psychologin Elisabeth Loftus durchgeführt hat. Mit einer Mitarbeiterin ging sie daran, in das Gehirn von Testpersonen die Erinnerung an ein Kindheitserlebnis einzuschleusen, das nie stattgefunden hatte: Sie hätten sich im Alter von fünf Jahren in einem großen

Kaufhaus verirrt und ihre Eltern verloren. Die Forscherin ließ sich von Verwandten der Testpersonen Kindheitserlebnisse berichten. Alle Teilnehmer erhielten dann die Stichwörter von drei tatsächlich erlebten Geschichten und der erfundenen, und wurden aufgefordert, sich diese in Erinnerung zu rufen und Details davon zu erzählen. In nachfolgenden Interviews konnten 68 Prozent der Testpersonen Einzelheiten der echten Geschichten angeben, und immerhin 25 Prozent meinten, sich mehr oder weniger vollständig an das falsche Ereignis zu erinnern.

Wenn es also möglich ist, Erlebnisse, die gar nicht stattgefunden haben, in die Erinnerung einzuschleusen, dürfte es für die Psyche eine leichte Übung sein, vorhandene Gedächtnisspuren zu verändern. Und das macht sie auch, wenn es darum geht, Konsonanz zwischen den Aussagen, Einstellungen und Werthaltungen der Vergangenheit und denen der Gegenwart herzustellen. Für unser Wohlbefinden und unseren Selbstwert ist es offensichtlich wichtig, dass wir uns in unseren Erinnerungen wiedererkennen, denn unsere Identität ist darin gespeichert.

„Das habe ich immer schon gesagt"

In George Orwells Roman „1984" wird das Umschreiben der Vergangenheit mühsam von eigens dafür abgestellten Personen durchgeführt. Unser Gehirn erledigt diesen Job vollautomatisch, ohne unser bewusstes Zutun und ohne die geringste Anstrengung. Und nicht nur das, wir bemerken die Veränderung nicht einmal. Ein anschauliches Beispiel für die gezielte Manipulation der Erinnerung ist der sogenannte „Rückschaufehler". Wenn jemand eine Voraussage über den Ausgang eines Ereignisses gemacht hat und diese vom tatsächlichen Ergebnis abweicht, besteht die Tendenz, die Erinnerung an die Prognose in Richtung des wirklichen Resultats zu verschieben.

Dieser Effekt lässt sich beispielsweise bei Wahlprognosen nachweisen. Bei diesen besteht der Vorteil, dass sie an konkreten Zahlen festgemacht werden können. Hartmut Blank und Volkhard Fischer von der Universität Leipzig führten eine solche Untersuchung anlässlich der Wahl zum Deutschen Bundestag 1998 durch. Testpersonen waren Studierende der Psychologie. Bei der ersten Erhebung zwei Monate vor dem Urnengang gaben diese eine Schätzung der Stimmenanteile der verschiedenen Parteien ab. Einen Monat nach der Wahl wurden sie gefragt, welche Prognosen sie abgegeben hatten. Die Ergebnisse bestätigten die Theorie: Der Stimmenanteil der CDU/CSU war im Durchschnitt auf 31,5 Prozent geschätzt worden, tatsächlich erreichte diese Partei 35,1 Prozent. In der Rückschau wurde die Prognose auf durchschnittlich 34,3 Prozent „korrigiert". Die Schätzungen für die SPD lagen im Schnitt bei 37,3 Prozent, ihr tatsächlicher Stimmenanteil betrug 40,9 Prozent. Die erinnerten mittleren Prognosen hatten sich mit 39,0 Prozent deutlich näher an das wirkliche Ergebnis herangeschoben.

Doch wozu das alles? Was bringt es den Menschen, wenn sie ohne bewusstes Zutun ihre Erinnerung so manipulieren, dass ihre Prognosen besser zur Realität passen? Offensichtlich eine ganze Menge. Es ist eines unserer Grundanliegen, zu wissen, nach welchen Gesetzmäßigkeiten die Welt funktioniert. Wir bilden ständig Hypothesen über den weiteren Verlauf der Ereignisse. Zutreffende Prognosen sind für uns eine Bestätigung, die Zusammenhänge richtig erkannt zu haben. Das gibt Sicherheit und steigert den Selbstwert. Kein Wunder also, dass wir die Tendenz haben, unsere Annahmen zu Abläufen von Ereignissen nachträglich der Realität anzupassen, wenn wir danebenlagen. Der „Rückschaufehler" versetzt uns in die Lage, behaupten zu können: „Das habe ich immer schon gesagt" – und damit ein Gefühl der Hilflosigkeit gegenüber „des Schicksals Mächten" zu vermeiden. Der „Rückschaufehler" gibt uns die Illusion, den Lauf der Dinge vorhergesehen zu haben, auch wenn das nicht ganz zutreffend ist. Wer zum Beispiel im Zuge der Finanzkrise an der Börse Geld verloren hat, sich jedoch sagen kann: „Ich hätte es eigentlich wissen müssen", wird sich eher zutrauen, solche Situationen in Zukunft rechtzeitig zu erkennen. Wer sich jedoch als Spielball undurchsichtiger Marktmechanismen sieht, was ja möglicherweise den Tatsachen entspricht, muss bei Aktieninvestments auf das Glück hoffen. Oder die Finger davon lassen.

Ein weiteres wichtiges Anliegen ist uns die Wahrung unserer Identität. Wenn wir vergangene Erlebnisse unserer heutigen Sichtweise anpassen, gibt uns das die Gewissheit oder die Illusion: „Ich bin heute der, der ich gestern war."

Wenn sich unsere Meinung zu einer Person, einem Ereignis oder einem Sachverhalt im Laufe der Zeit verändert hat, beschert uns unsere Psyche mit dem Trick, unsere Erinnerungen den jetzigen Einstellungen anzupassen, die Überzeugung, dieselben geblieben zu sein.

Erfolg, eine Frage der Manipulation der Erinnerung

Manchmal ist allerdings nicht Gleichstand erwünscht, sondern die Verbesserung eines Zustands. Auch in diesem Fall lässt sich die Manipulation der Erinnerung nützen, nämlich dafür, das Ausmaß der Veränderung größer erscheinen zu lassen, als es tatsächlich ist. Nehmen wir an, Sie entschließen sich zu einer Diät, um einige Pfunde zu verlieren, doch nach drei Wochen der Selbstkasteiung stellt sich nur mäßiger

Erfolg ein. Was können Sie tun, um dennoch vor sich selbst und Ihren Freundinnen und Freunden gut dazustehen und die unangenehme Dissonanz zwischen Erwartung und Erfolg zu verringern? Ganz einfach. Sie legen auf das Ausgangsgewicht, das Sie vor drei Wochen hatten, ein paar Kilo drauf und schon vergrößert sich Ihr Diät-Erfolg. Sie glauben, das funktioniert nicht, weil man sich selbst nicht so dreist betrügen kann? Man kann sehr wohl, wie eine Studie von Michael Conway und Michael Ross zeigt. Testpersonen waren Studierende, denen die Teilnahme an einem Programm zur Verbesserung der Studierleistung versprochen wurde. Zunächst bewerteten sie anhand eines Fragebogens ihre Studierfähigkeiten. Die Hälfte der Testpersonen (die Auswahl erfolgte per Zufall) nahm an diesem Programm tatsächlich teil, die anderen erhielten nur die Mitteilung, dass sie auf einer Warteliste stünden. Drei Wochen später wurden alle Testteilnehmer aufgefordert, die ursprünglichen Einschätzungen ihrer Studierfähigkeiten so genau wie möglich wiederzugeben. Und das waren die Ergebnisse: Bei den Testpersonen auf der Warteliste wurde kein systematischer Unterschied zwischen der ersten und der zweiten Einschätzung festgestellt. Anders war es bei den Teilnehmern am Programm. Sie verschlechterten in der Erinnerung ihre erste Einschätzung der Studierfähigkeit. Das ist eine recht einfache Methode, den Erfolg des Programms zu vergrößern.

Wenn man die Ausgangssituation und die Veränderung selbst einschätzt, sind dem Selbstbetrug Tür und Tor geöffnet. Dann kann man in beide Richtungen manipulieren, indem man den ursprünglichen Zustand schlechter und den gegenwärtigen besser bewertet. Auf diese Weise kommen völlig wirkungslose Therapien, Trainingsprogramme, Medikamente, Behandlungen und Heilsversprechen zu unverdienten Erfolgsnachweisen. Und dies umso eher, je mehr Zeit, Geld und

Mühe investiert wurden. Wenn eine Diät, bei der man sich nicht besonders gequält hat, erfolglos geblieben ist, lässt sich das relativ leicht eingestehen, hat man jedoch große Opfer gebracht, will man einen Erfolg sehen – oder notfalls vortäuschen.

⏰ VORSICHT, FALLE!

....

Die Harmonisierung der Vergangenheit mit der Gegenwart gibt uns die Illusion, Entwicklungen richtig eingeschätzt zu haben und den Lauf der Welt zu verstehen. Die Falle besteht darin, dass dadurch unsere Sicht auf die Vergangenheit mit den tatsächlichen Ereignissen und ihren Gesetzmäßigkeiten nur noch wenig zu tun hat. Das hat Auswirkungen darauf, wie wir die Zukunft sehen und diese bewältigen wollen, wie das folgende Kapitel zeigen wird.

Wenn man nicht in die Falle tappen will, durch Manipulation der Erinnerung einen Erfolg herbeizuführen, der eigentlich gar keiner ist, empfiehlt es sich, bei einer geplanten Veränderung die Ausgangssituation möglichst genau festzuhalten. Wenn Sie zum Beispiel ihr Konzentrationsvermögen verbessern möchten, wäre es sinnvoll, vorher und nachher einen Konzentrationsleistungstest zu absolvieren (zum Beispiel online unter www.psychomeda.de/online-tests/konzentrationstest.html) und sich nicht mit einer Selbsteinschätzung zufriedenzugeben. Es sei denn, das Erfolgserlebnis ist Ihnen wichtiger als eine tatsächliche Verbesserung.

....

„Wenn ich die Menschen gefragt hätte, was sie wollen, hätten sie gesagt: schnellere Pferde."
Henry Ford

„Die Zukunft ist ein Nebel, der uns einhüllt, und kaum erkennen wir das Morgen, schmeckt es nach dem Heute."
Fernando Pessoa

Ist die Zukunft die Fortsetzung der Vergangenheit?

Die Lehre des Laokoon

„Prognosen sind schwierig, wenn sie die Zukunft betreffen", spöttelte einst Nils Bohr. Sie sind es auch dann, wenn sie sich auf die Vergangenheit beziehen, sofern man nicht weiß, wie diese verlaufen ist.

Was tun wir, wenn wir die Zukunft vorhersagen möchten? Ganz einfach. Wir schauen in die Vergangenheit, versuchen, deren Gesetzmäßigkeiten zu begreifen und projizieren diese in die Zukunft. Nicht anders machen es die Zukunftsforscher. Auch sie haben nichts anderes zur Verfügung als die Vergangenheit. Solche Voraussagen würden auch gut funktionieren, käme nicht der Zufall ins Spiel, der die schönsten Berechnungen zunichtemacht und Trends stoppt oder zur Umkehr zwingt. In dem Fall, den ich hier schildere, durchkreuzte nicht der Zufall die Analysen der Experten, sondern das Genie.

In den Vatikanischen Museen befindet sich eine der berühmtesten Skulpturen der Welt: die sogenannte Laokoon-Gruppe. Laokoon war der Sage nach ein griechischer Priester, der im Begriff war, den Mächten des Schicksals in den Arm zu fallen. Und das bekam ihm nicht gut. Das Szenario: Troja wird belagert; die Griechen schaffen es nicht, die gut befestigte Stadt einzunehmen. Da ersinnt Odysseus eine List. Er lässt ein riesiges hölzernes Pferd zimmern und bietet es den Trojanern zum Geschenk an. Doch im Bauch des Pferdes befinden sich Krieger, die auf diese Weise in die Stadt geschleust werden sollen. Die Trojaner zeigen sich über die vermeintlich versöhnliche Geste erfreut und sind bereit, das Geschenk anzunehmen. In diesem Moment hat Laokoon seinen tragischen Auftritt. Er durchschaut die List der Griechen und warnt die Trojaner. Das hätte er aber lieber bleiben lassen sollen, denn es passt nicht in den Masterplan der Götter. Diese haben einen anderen Lauf der Geschichte im Sinn. Um ihn durchzusetzen, lassen sie den Priester und dessen beide Söhne im Kampf gegen Riesenschlangen umkommen.

Diese Szene ist in der Laokoon-Gruppe dargestellt. Äneas, ein trojanischer Prinz, mit dem die Götter Großes vorhaben, wird Zeuge dieser Tragödie und weiß nun, dass Troja verloren ist. Er flieht und begründet später das römische Volk, wie es dem Willen der Götter entspricht. Der Tod des Laokoon und seiner Söhne diente in der römischen Mythologie nur dem Zweck, Äneas aus Troja wegzulocken und Rom entstehen zu lassen.

Die Lehre des Laokoon könnte also darin bestehen, dass es nicht ratsam ist, sich dem Willen der Götter zu widersetzen, da diese auch vor drastischen Mitteln nicht zurückschrecken und auch nicht nach Schuld oder Unschuld fragen. Doch ich meine eine andere Lehre. Die heute in den Vatikanischen Museen ausgestellte Laokoon-Gruppe ist vermutlich die marmorne Nachbildung einer hellenischen Bronzeplastik aus dem 2. vorchristlichen Jahrhundert. Als sie im Jahre 1506 wiederentdeckt wurde, fehlte der rechte Arm des Laokoon. Experten grübelten darüber, welche Haltung dieser wohl gehabt haben könnte und ließen die Figur aufgrund ihres Wissens über antike Skulpturen ergänzen. Und dann geschah das Unwahrscheinliche: Der fehlende Arm wurde 1905 gefunden. Und er war völlig anders gestaltet, als es die Experten mit all ihrem Wissen angenommen hatten. Deren Rekonstruktion fügt sich zwar durchaus harmonisch in die Gesamtkomposition ein, doch erst der Originalarm verleiht der Skulptur ihre ungeheure Kraft und Dynamik (wovon Sie sich online überzeugen können: https://de.wikipedia.org/wiki/Laokoon-Gruppe).

Harmonie ist eben nur die Fortsetzung des Bekannten, der schöpferische Akt geht hingegen weit darüber hinaus. Der Künstler schafft Überraschendes, indem er die Harmonie durchbricht. Darin besteht für mich die Lehre des Laokoon.

Die Tragödie der Experten

Gestatten Sie mir an dieser Stelle einen kritischen Blick auf die Experten. Tagtäglich benötigen wir deren Kenntnisse und Erfahrungen. Wir sind es zum Beispiel gewohnt, Nachrichten zu hören und anschließend den Kommentar eines Wissenden serviert zu bekommen, der uns hilft, die Informationen einzuordnen. Auf vielen Gebieten unserer komplexen Welt wären wir ohne Expertenmeinung der Datenflut hilflos ausgeliefert. Das ist die eine, die nützliche Seite. Die andere besteht darin, dass Experten wissen oder zu wissen glauben, was gestern richtig war – und diese Erkenntnisse in die Zukunft projizieren. Häufig landen sie damit tatsächlich Treffer, doch manchmal gibt es überraschende Sprünge in der Entwicklung, und dann liegen sie mit ihren Einschätzungen meist daneben. Der Zusammenbruch des Ostblocks zum Beispiel überraschte nicht nur die „Normalbürger", sondern auch die

Politikexperten. Selbst die allwissenden Geheimdienste erwiesen sich als ahnungslos. Auch die letzte Finanz- und Wirtschaftskrise ab 2007 erwischte die meisten „Wissenden" auf dem falschen Fuß.

Der US-amerikanische Psychologe Philip Tetlock wollte es genau wissen und führte ein großangelegtes Experiment zur Untersuchung der Zuverlässigkeit von Expertenprognosen durch (siehe Friebe, S. 62ff.). Seine Zielgruppe waren Wissenschaftler und Journalisten, die in den Bereichen Politik und Wirtschaft öffentlich Prognosen über politisch-wirtschaftliche Trends abgegeben hatten. Er fand 284 solche Personen und startete mit ihnen ein Langzeitexperiment. Er schickte ihnen Fragebögen mit der Bitte, eindeutig entscheidbare Fragen zu beantworten, wie zum Beispiel: „Wo steht der Ölpreis in zwei Jahren?", „Wie hoch schätzen Sie die Wahrscheinlichkeit eines Krieges zwischen Indien und Pakistan ein?" Auf diese Weise sammelte er über 20 Jahre hinweg (von 1980 bis 2000) 28.000 Daten. Das ernüchternde Ergebnis: Die Güte der Expertenprognosen war nicht besser als der pure Zufall. Besonders weit daneben lagen in der Studie von Tetlock jene Prognosen, die von Experten zu ihrem Spezialgebiet abgegeben wurden. Etwas besser schlugen sich Fachleute mit breitem Wissen.

Tonfilm? So etwas gibt es nicht

Auch der bereits zitierte österreichische Physiker Heinz von Foerster, Wahlneffe von Ludwig Wittgenstein, Neffe von Hugo von Hofmannsthal und Bruder des Jazzmusikers Uzzi Foerster, meint, dass sich gerade Wissenschaftler und Experten häufig als wenig weitblickende und fantasielose Verhinderer hervortun und erzählt zum Beweis in seinem Buch „Die

Wahrheit ist die Erfindung eines Lügners" die Geschichte des Józef Tykociński-Tykociner, die sonst möglicherweise verloren gegangen wäre. Heinz von Foerster leitete das Biological Computer Laboratory an der University of Illinois, das von besagtem Tykociner, einem nach Amerika emigrierten Polen, gegründet worden war. Dieser hatte eine Idee: Man könnte doch bei einem Film, der damals noch stumm war, einen Streifen anfügen, auf dem Töne gespeichert sind, die beim Abspielen wieder in Sprache und Musik umgewandelt werden. Auf diese Weise schuf er den ersten Tonfilm, der eine Länge von 35 Sekunden hat. Dieser zeigt die Frau von Tykociner, wie sie auf einem Stuhl an einem Tisch sitzt und fragt: „Sehen Sie diese Glocke?" Dann läutet sie damit und fragt: „Hören Sie diese Glocke?" Und damit endet der Film.

Tykociner hatte das Projekt so weit selbst finanziert, für die weitere Entwicklung hätte er allerdings einen Investor gebraucht. Er wandte sich daher an den Präsidenten der Universität, an der er arbeitete, und führte ihm seinen Tonfilm vor. Dieser zeigte sich interessiert und versprach, sich bei verschiedenen Experten schlau zu machen, ob diese Idee Zukunft hätte.

Zunächst wandte er sich an Physiker und berichtete ihnen, dass da ein Mann sei, der behaupte, Ton aus Licht erzeugen zu können. Die bogen sich vor Lachen und konstatierten, dass der gute Mann wohl nicht verstanden habe, dass Licht und Ton physikalisch völlig verschiedene Dinge seien. Also wandte sich der Präsident an Psychologen, um deren Einschätzung zu erfahren. Die hielten es für völlig ausgeschlossen, dass der Mensch über zwei Sinnesorgane, die Augen und die Ohren, getäuscht werden könne.

Wie es der Zufall wollte, traf der Präsident der Universität George Eastman, den Direktor der Eastman-Kodak-Filmproduktion. Der fand die Idee lächerlich, denn die Menschen gingen ja nicht ins Kino, um etwas zu hören, sondern um etwas zu sehen. Und das war's dann mit der Unterstützung durch die Universität von Illinois. Und obwohl Tykociner den ersten Tonfilm hergestellt hatte, war er durch die mangelnde Weitsicht sogenannter Experten vom weiteren Siegeszug dieser Innovation ausgeschlossen.

„Ich habe", schreibt Heinz von Foerster, „diese Geschichte deswegen erzählt, weil sie (…) ein sehr interessantes Licht auf das Verhalten von Wissenschaftlern bezüglich neuer Ideen wirft; sie zeigt, wie Wissenschaft über Wissenschaft spricht. Was ich besonders interessant finde, ist, dass diese Wissenschaftler und Finanzgenies überhaupt nicht erkennen, was da vorliegt; weil sie überhaupt nicht zuhören; weil die Arroganz sie völlig eingenommen hat. Sie wissen, wie alles geht. Wenn einer kommt und sagt: ‚Es gibt Tonfilm', sagen sie: ‚So etwas gibt es ja nicht!'" (S. 200).

Die Vergangenheit ist eine Geschichte.
Meine Geschichte

Zur Erinnerung: Wenn Experten Prognosen erstellen, tun sie nichts anderes, als eine Gesetzmäßigkeit, die sie bei der Analyse der Vergangenheit festgestellt haben oder glauben, feststellen zu können, in die Zukunft zu projizieren. Eines der Probleme dieser Vorgangsweise besteht, wie ich bereits erwähnt habe, darin, dass sich Trends meist nur kurzzeitig fortsetzen und dass es auf längere Sicht immer wieder zu Sprüngen und Knicken in der Entwicklung kommt, die nicht vorhersehbar sind. Es kommt eben der Zufall ins Spiel. Zufall heißt in diesem Zusammenhang, dass marginale Änderungen der Ausgangslage gravierende Auswirkungen haben können. Und je komplexer ein System ist, desto bedeutsamer wird die Rolle des Zufalls. Nehmen wir als Beispiel die Roulette-kugel. Ihr Wurf folgt zwar strengen physikalischen Gesetzen, dennoch ist das Ergebnis zufällig und nicht voraussagbar, da kleinste Einwirkungen auf die Kugel das Resultat völlig verändern können. Das hindert manche Menschen allerdings nicht daran, zu meinen, es gebe ein „todsicheres System", mit dem man den Zufall austricksen könne. Manche glauben auch, es gebe so etwas wie einen „Lauf", in dem einem das Glück hold sei. Glauben Sie den Mathematikern: Die Roulettekugel lässt das völlig kalt. Sie kann sich nämlich nicht an das Ergebnis der vorangegangenen Würfe erinnern.

Nicht nur die Experten, wir alle tendieren dazu, Ordnung, Gesetzmäßigkeit und damit Voraussagbarkeit auch dort anzunehmen, wo in Wirklichkeit der Zufall Regie führt. Für dessen Einfluss hat der Nobelpreisträger Daniel Kahneman ein plakatives Exempel parat: Als im Juli 1888 Adolf Hitler gezeugt wurde, bestand immerhin eine 50%ige Chance, dass es ein Mädchen geworden wäre. Wie anders wäre wohl das 20. Jahrhundert verlaufen, wäre dieser Fall eingetreten? Das soll nicht heißen, dass Frauen nicht auch in der Lage wären, Kriege zu führen, doch sie kommen nur äußerst selten in die Situation, einen solchen vom Zaun zu brechen.

Daniel Kahneman beschäftigte sich intensiv mit der menschlichen Fähigkeit oder vielmehr Unfähigkeit, zutreffende Voraussagen für die Zukunft zu machen. Gemeinsam mit Amos Tversky entwickelte er die sogenannte „Prospect Theory". Den Grund für diese Beschränkung sieht er nicht nur darin, dass wir den Einfluss des Zufalls sträflich unterschätzen, die unzutreffenden Voraussagen für die Zukunft resultieren seiner Meinung nach oft daraus, dass wir fälschlich annehmen, die Vergangenheit zu verstehen. „Die Illusion, wir verstünden die Vergangenheit, fördert die Überschätzung unserer Fähigkeit, die Zukunft vorherzusagen", sagt Kahneman in

VORSICHT, FALLE!

Unsere Voraussagen sind in der Regel nicht besser, als würden wir würfeln. Bei unseren Zukunftsprognosen bestehen gleich zwei Vereinfachungs- oder Harmoniefallen: 1. Wir gehen mit der stillschweigenden Annahme an die Vorhersage der Zukunft heran, diese sei eine Fortsetzung der Vergangenheit. 2. Wir deuten die Ereignisse der Vergangenheit so, dass sie zu unseren Erwartungen, Erfahrungen und Einstellungen passen und machen daraus eine einfache, in sich stimmige, plausible Geschichte.

Glücklicherweise gibt es Menschen, die nicht in die Falle tappen, die Zukunft als Fortsetzung der Vergangenheit zu betrachten, sondern zu „sprunghaftem Denken" befähigt sind. Sonst hätte Henry Ford (siehe Eingangszitat) nicht das Automobil erfunden, sondern seine Zeit mit der Zucht schnellerer Pferde zugebracht. Und die Brüder Wright hätten weiter versucht, den Flügelschlag der Vögel zu imitieren, statt einen Propeller in ihren Gleiter einzubauen.

seinem Buch „Schnelles Denken, langsames Denken" (S. 26). Das liegt seiner Meinung nach daran, dass wir die Ereignisse der Vergangenheit nicht nur analysieren und bewerten, wir machen daraus eine einfache, in sich stimmige, plausible Geschichte. Und diese erhält allemal den Vorzug gegenüber einer ebenfalls möglichen, jedoch komplizierten, widersprüchlichen und weniger wahrscheinlichen Deutung. Diese Geschichte sagt etwas über uns selbst aus, denn sie ist geprägt von unseren Erfahrungen, Einstellungen und Erwartungen. Dazu ein Beispiel: Am 1. April (!) 2015 berichtete „Die Presse", das Wiener Schnitzel werde von der EU wegen gefährlicher Inhaltsstoffe verboten. Ein Aufschrei war die Folge, da nicht

Es ist sehr schwierig, im Gestern nicht das Heute und damit unsere alten Einstellungen und Vorurteile zu „erkennen", die wir dann in die Zukunft projizieren. Daniel Kahneman sagt, man müsse etwas, um es erkennen zu können, für wahr halten. Das bedeutet im Umkehrschluss: Man muss, um etwas in Frage stellen zu können, die Möglichkeit ins Auge fassen, dass es falsch sein könnte.

Das scheint mir der Schlüssel dafür zu sein, wie mit der eigenen Bewertung der Ereignisse der Vergangenheit umgegangen werden soll: Halten Sie es für möglich, dass sie falsch sein könnte. Ein gutes Hilfsmittel dafür ist ein Tagebuch, in das auch die Deutung von Ereignissen und Ihre Erwartungen über deren Fortgang einfließen sollen. Sie können damit realistischer einschätzen, wie Ihre persönlichen Erfahrungen, Einstellungen, Ängste und Hoffnungen in Ihre Deutung der Ereignisse der Vergangenheit und in Ihre Erwartungen für die Zukunft eingehen.

wenige Leserinnen und Leser auf diesen Scherz hereinfielen. Sogar ein prominenter Politiker postete seine Empörung. Warum wurde diese Story trotz des Datums so bereitwillig für bare Münze genommen? Sie passte hervorragend in das bestehende Denkschema über die Reglementierungsgewohnheiten der EU.

So wie die Kunstexperten bei der Ergänzung des Armes des Laokoon ihr Wissen und ihre Vorstellungen einbrachten – es resultierte daraus „ihr" Arm und nicht der des unbekannten griechischen Künstlers –, bringen wir die Gesamtheit unserer Erfahrungen und Einstellungen in die Deutung vergangener Ereignisse ein und projizieren die daraus resultierende Geschichte in die Zukunft. Dieser Vorgang hat häufig weder mit der Vergangenheit noch mit der Zukunft zu tun.

Man muss sich allerdings fragen, warum wir von der Natur mit einer so mangelhaften Fähigkeit zur Erfassung der Vergangenheit und Voraussage der Zukunft ausgestattet wurden. Eine mögliche Antwort: Weil sie für den Alltagsgebrauch völlig ausreichend ist und uns auch bei sehr „dünner" Faktenlage das Gefühl gibt, die Gesetzmäßigkeiten der Vergangenheit zu verstehen und die Zukunft voraussagen zu können. Treffen unsere Prognosen nicht zu, ist das nicht weiter schlimm, denn es besteht immer noch die Möglichkeit, sie nach dem „Modell Rückschaufehler" zu verändern und Konsonanz zwischen der Voraussage und der Realität herzustellen.

Man könnte mit einem Schuss Sarkasmus sagen, dass es der Natur für die Entwicklung unseres Selbstverständnisses wichtiger ist, uns die Illusion zu vermitteln, wir verstünden die Vergangenheit und könnten die Zukunft voraussagen, als uns die Fähigkeit zu geben, dies tatsächlich zu beherrschen.

„Der vollkommene Mensch passt sich dem Gehabe der
Gesellschaft an, ohne sein Selbst zu verlieren."
Laotse

Harmonie mit den anderen:
Der Konformismus

Zwischen Anpassung und Selbstbestimmtheit

Wenden wir uns nun einem spannenden Thema der Psychologie zu, nämlich der Frage, wie sich das Verhalten der Menschen ändert, wenn sie nicht allein sind, sondern sich in einer Gruppe befinden. Fragen Sie einmal im Kreis Ihrer Bekannten, wer seine Überzeugung ändert, wenn die anderen in einer Gruppe eine konträre Meinung äußern. Sie werden alles ernten: von Unverständnis bis zu Ablehnung und Entrüstung, doch kaum jemand wird zugeben, unter sozialem Druck manipulierbar zu sein. Stimmt unser hehres Selbstbild oder ist es bloßes Wunschdenken?

Machen wir gemeinsam folgendes Experiment. Sie sehen im linken Kästchen eine Linie, die Referenzlinie, und im Kästchen daneben drei Vergleichslinien A, B und C (siehe Abbildung S. 102). Geben Sie an, welche der drei gleich lang ist wie die Referenzlinie. Sie haben sicherlich ohne die geringsten Schwierigkeiten erkannt, dass es die Linie C ist. Und Sie werden sich vermutlich fragen, was denn diese Aufgabe soll, die ohne Probleme von Fünfjährigen gelöst werden könnte. Nun, sie stammt aus einem klassischen Experiment des amerikanischen Psychologen Solomon Asch. Allerdings mit einer wesentlichen Abweichung. Asch gab solche Aufgaben nicht im Einzeltest vor, sondern in einer Gruppe, die um einen Tisch saß. Was die jeweils einzige Testperson einer Gruppe nicht wusste: Alle anderen Teilnehmer waren Komplizen des Testleiters und antworteten, wie es ihnen angeordnet worden war. Die „echte" Testperson kam immer als letzte an die Reihe und kannte daher die Antworten aller anderen „Teilnehmer". Insgesamt gab es 18 Testdurchgänge. Bei sechs davon wählten die falschen Testpersonen die korrekten Lösungen, bei zwölf Durchgängen gaben sie hingegen unisono ein falsches Urteil ab.

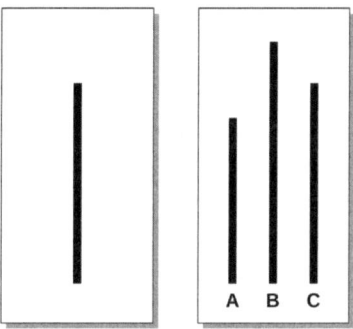

Welche der Linien A, B oder C ist gleich lang wie die Referenzlinie?

Das ebenso überraschende wie beunruhigende Ergebnis: 37 Prozent der Beurteilungen, die die echten Testpersonen abgaben, waren falsch. Und das, ich betone es nochmals, bei Aufgaben, die buchstäblich kinderleicht zu lösen sind. Bei einem Test ohne Gruppendruck lag der Anteil falscher Beurteilungen unter einem Prozent. Das noch alarmierendere Ergebnis: 75 Prozent der Testpersonen, allesamt Collegestudenten, ließen sich von der Mehrheitsmeinung beeinflussen und antworteten zumindest einmal falsch. Nur 25 Prozent behielten eine „weiße Weste" und ließen sich in keinem Testdurchgang zu einem Meinungsumschwung hinreißen. Sie erwiesen sich als resistent. Sind also die meisten Menschen in sozialen Drucksituationen leicht manipulierbar? Ja und nein. Ja, weil sich tatsächlich ein großer Teil der Testpersonen von der Mehrheitsmeinung beeinflussen ließ. Nein, weil der Löwenanteil an Falschantworten auf eine kleine Gruppe der Testteilnehmer entfiel, die sich als besonders beeinflussbar erwiesen. Fünf Prozent gaben in allen Durchgängen falsche Antworten. Man könnte es vielleicht so ausdrücken: Ein großer Teil der Menschen ist durch die Mehrheitsmeinung zumindest ein wenig manipulierbar, die extrem Beeinflussbaren stellen jedoch eine kleine Minderheit dar.

Es gibt allerdings auch eine Botschaft, die optimistisch stimmt und dazu anregen sollte, die eigene Wahrnehmung und Einschätzung nicht um der Harmonie mit der Mehrheit willen zu opfern. Asch und seine Mitarbeiter variierten das Experiment, indem sie in die Gruppe eine weitere Person einschleusten, die unbeeinflusst war und keine Ahnung von der Manipulation hatte. Dadurch änderte sich das Verhalten der Testpersonen schlagartig. Die Zahl der Falschantworten ging von 75 auf 25 Prozent zurück. Besonders groß ist der Anpassungsdruck also, wenn man einer einhelligen Mehrheitsmeinung gegenübersteht. In den Untersuchungen zeigte sich, dass drei Personen mit gleicher Meinung mehr Druck zur Konformität ausüben als acht Gegenüber, unter denen sich ein Abweichler befindet. Dabei war nicht entscheidend, ob dieser dieselbe Meinung vertrat wie die Testperson. Wenn also bei der erwähnten Aufgabe drei Personen mit A antworten und eine mit der ebenfalls falschen Einschätzung B, steigt die Wahrscheinlichkeit, dass die Testperson zu ihrer Meinung C steht. Es zahlt sich also aus, bei seiner eigenen Beurteilung zu bleiben, auch wenn die Mehrheit anderer Meinung ist, denn möglicherweise ermutigt man damit andere Personen in der Gruppe, sich ebenfalls zu trauen, zur eigenen Einschätzung zu stehen. Dabei kommt es nicht darauf an, ob Testperson und Abweichler in ihrer Beurteilung übereinstimmen. Es ist nur wichtig, dass beide von der Mehrheitsmeinung abweichen. Man könnte sagen: Abweichler unterstützen sich gegenseitig, auch wenn sie nicht der gleichen Meinung sind. Meinungsvielfalt in einer Gruppe steigert die Bereitschaft des Einzelnen, zu seiner Wahrnehmung zu stehen.

Dies führt uns zum Kern des Problems: Was geht eigentlich in den Köpfen von Personen vor, die in einer eindeutigen Situation ihre Überzeugung wider besseres Wissen der Mehrheitsmeinung anpassen? Asch und seine Mitarbeiter fanden bei den extrem beeinflussbaren Personen eine Gruppe von Teilnehmern, die rasch zu dem Schluss kamen, sie hätten sich geirrt und die anderen hätten recht. Viele von denen, die ihre Meinung anpassten, vermuteten zwar, dass die meisten „Schafe" seien, die einfach dem ersten Antworter folgten oder dass diese Opfer einer optischen Täuschung geworden seien, doch reichte dieser Verdacht nicht, um sich von der Mehrheitsmeinung zu lösen und frei zu entscheiden. Noch beunruhigender waren die Reaktionen von Personen, die ihre von der Mehrheit abweichende Wahrnehmung als Zeichen ihrer eigenen Unzulänglichkeit betrachteten, die sie um jeden Preis zu verbergen versuchten, indem sie ihre Beurteilung anpassten.

Man muss die Ergebnisse dieser Art von Experimenten dahingehend relativieren, dass den Testpersonen diese Linien ziemlich egal waren. Ihre persönliche Reputation hing nicht von den Testergebnissen ab. Andere Untersuchungen zeigen, dass die Testteilnehmer bei Aufgaben, die ihnen wichtig sind, mit ihren Urteilen sorgsamer umgehen und weniger geneigt sind, sich der Mehrheitsmeinung anzuschließen. Allerdings muss man auch berücksichtigen, dass die Testpersonen bei den Experimenten von Asch die anderen Teilnehmer nicht kannten und vermutlich auch danach nie mehr trafen, sodass sie keine Nachteile durch abweichendes Verhalten zu befürchten hatten, außer einer gewissen psychischen Anspannung im Moment des Antwortens. Viel schwieriger ist es, in Gruppen, mit denen man ständig Kontakt hält, eine eigenständige Meinung gegenüber der Mehrheit zu vertreten.

Insgesamt betrachtet stellen die Ergebnisse der Konformitätsforschung kein Ruhmesblatt für die Spezies Mensch dar. Solomon Asch äußerte sich dazu sehr besorgt: „Für das Leben in Gemeinschaften ist Übereinstimmung eine unverzichtbare Bedingung. Doch Übereinstimmung erfordert, um wirkungsvoll zu sein, dass jedes Individuum aufgrund seiner Erfahrung und seiner Einsicht unabhängig und selbstständig seinen Beitrag leistet. Wenn die Übereinstimmung unter der Vorherrschaft der Konformität erfolgt, ist der soziale Prozess gestört und gleichzeitig verzichtet das Individuum auf die Kraft, auf der sein Funktionieren als fühlendes und denkendes Wesen beruht. Die Tatsache, dass wir eine so starke Tendenz zur Konformität in unserer Gesellschaft gefunden haben, dass ziemlich intelligente und wohlmeinende junge Menschen bereit sind, Weiß als Schwarz zu bezeichnen, gibt Anlass zur Besorgnis." (Asch, S. 5, meine Übersetzung)
Die Konformitätsforschung erbrachte noch einige weitere interessante Ergebnisse:

- Seit den 50er Jahren des vorigen Jahrhunderts hat die Bereitschaft zur Anpassung an die Mehrheit deutlich abgenommen.
- In westlichen Kulturen ist die Konformitätsneigung geringer als in östlichen Ländern, wie zum Beispiel in China oder Kuwait.
- Weibliche Testpersonen zeigten sich beeinflussbarer als männliche.

Konformität hat eine sehr negative Seite, bedeutet sie doch, dass Menschen bereit sind, gegen ihre Überzeugung eine andere Meinung anzunehmen, nur weil diese von der Mehrheit vertreten wird. Es gibt jedoch auch eine andere Seite. Das Anpassen der eigenen Urteile an die Auffassung der Mehrheit verstärkt das Gefühl der Zusammengehörigkeit. Eine Gruppe von Individualisten gibt dem Einzelnen zwar Entfaltungsmöglichkeiten, hat aber nur geringen Zusammenhalt. Zweifellos ist in einer Gesellschaft sowohl Individualität als auch Konformität notwendig. Für unsere Vorfahren, die als Jäger ihr Überleben sicherten, war Konformität sicherlich von Vorteil. Eine Gruppe von Individualisten, in der jeder auf eigene Faust zum Jagderfolg kommen möchte, hätte keine Chance gegen die fantasielosen, aber disziplinierten Konformisten. Die Erfindung von Pfeil und Bogen hingegen ist wohl eher dem Genieblitz eines Einzelnen zu verdanken.

Wie gehen Sie mit sozialem Druck um? Gehören Sie zu den Eigenständigen oder zu den Anpassungsbereiten? Fällt es

Ferner erwies sich, dass die Neigung zur Konformität von persönlichen und situativen Bedingungen abhängig ist. Sie steigt:

- mit dem Bedürfnis nach sozialer Anerkennung,
- mit geringer Selbstwertschätzung,
- bei häufiger Belohnung konformen Verhaltens,
- mit der Schwierigkeit der Aufgabe und
- mit der Leistungsmotivation.

Ihnen leicht, mit Ihrer Meinung allein dazustehen und sich unter Umständen rechtfertigen zu müssen oder gar verunglimpft zu werden? Oder haben Sie es lieber, eine Meinung auszudrücken, von der Sie annehmen, dass sie auch von den anderen geteilt wird, obwohl sie nicht ganz Ihrer Überzeugung entspricht?

Die Falle besteht darin, zu leichtfertig die eigene Meinung zu opfern, um Zustimmung und Schulterklopfen zu ernten, weil Ihnen die Anerkennung durch andere so wichtig ist und Sie Konflikte nicht austragen wollen. Es geht um die Frage, was Ihnen wichtiger ist: Harmonie mit den anderen, notfalls um den Preis der Selbstverleugnung, oder Selbstbestimmtheit mit dem Risiko der Dissonanz mit Ihrer sozialen Umgebung?

Es kommt aus meiner Sicht darauf an, sich den anderen Menschen bis zu einem gewissen Grad anzupassen, nicht als Sonderling, notorischer Neinsager oder Querulant durchs Leben zu gehen und dennoch sein Selbst zu bewahren.

Die Isolationsangst

Woher kommt diese starke Tendenz, die eigene Überzeugung um der Harmonie willen an die Mehrheitsmeinung anzupassen? Die bekannte deutsche Kommunikationswissenschaftlerin Elisabeth Noelle-Neumann („Die Schweigespirale") ging davon aus, dass die meisten Menschen eine angeborene Isolationsangst haben (siehe R. Zitelmann, S. 87). Möglicherweise ist das ein Erbe von fernen Vorfahren, die als Jäger allein gegen Bär, Säbelzahntiger & Co. keine Überlebenschancen gehabt hätten. Von der Gruppe ausgeschlossen zu werden war daher einem Todesurteil gleichzusetzen, das selbstverständlich auch Frauen treffen konnte, wenn sie sich nicht an die Regeln des Stammes hielten. Und heute? Sie haben sicherlich schon erlebt, wie es ist, in einer Gruppe mit seiner Meinung allein dazustehen, wenn man sich rechtfertigen muss und von den anderen belehrt, lächerlich gemacht und mehr oder weniger heftig unter Druck gesetzt wird. Es ist kein schönes Gefühl, einer Wand der Ablehnung gegenüberzustehen und zum Außenseiter gestempelt zu werden. Um wie viel angenehmer ist es, die Gemeinschaft in der Gruppe zu spüren und sich aufgehoben zu fühlen. Dazu muss man ja „nur" seine Überzeugung der Mehrheit anpassen.

Der Druck, die eigene Überzeugung zu opfern, um Harmonie mit den anderen herzustellen, ist in manchen Fällen geradezu körperlich spürbar. Stellen Sie sich vor, Sie stünden tagtäglich mit Ihrer Meinung etwa zur Gleichberechtigung der Geschlechter am Arbeitsplatz einer geschlossenen Front andersdenkender Kolleginnen und Kollegen gegenüber. Eine solche Isolation hätte enormen Stress zur Folge, der die psychische und physische Gesundheit gefährdet. Es ist daher durchaus verständlich, wenn Menschen einer solchen Situation ausweichen, indem sie ihre Überzeugung an die Mehrheitsmeinung anpassen. Das rettet sie vor der Isolation, die zwar nicht das Leben kostet, aber die Gesundheit gefährdet. Doch um welchen Preis? Letztlich um den Preis einer Selbst-Beschädigung oder Selbst-Aufgabe.

„Es liegt im Interesse des Gemeinwohls, dass es immer Menschen geben muss, die gegen den Strom schwimmen. Nur weiß das Gemeinwohl das meist nicht."
Lucius Annaeus Seneca

„Zuerst ignorieren sie dich, dann lachen sie über dich, dann bekämpfen sie dich und dann gewinnst du."
Mahatma Gandhi

Die gegen den Strom schwimmen

Geringe Chancen für das Neue

Bevor Neues in die Welt kommt, neues Denken, neue Sichtweisen, neue Erkenntnisse, muss es zwei Harmonieschwellen überwinden. Die erste besteht darin, dass unser Denken darauf gerichtet ist, Konsonanz in unseren Kognitionen herzustellen und das Bild, das wir von der Welt haben, zu stärken – und nicht darauf, es durch neue Ideen ins Wanken zu bringen oder überhaupt zu zerstören. Daher werden in unseren Gehirnen bestätigende Assoziationen bevorzugt behandelt. Widersprechendes, Ungewohntes scheitert meist am inneren Kritiker, an der Plausibilitätskontrolle des Denkens: „Das kann es nicht geben", „Das hat noch niemand so gemacht", „Ich muss mich geirrt haben". Hat eine Idee diese Schwelle doch überwunden und sich in einem Gehirn eingenistet, ist noch nichts gewonnen, denn Ungewohntes wird von der Umwelt nur selten freudig begrüßt. Selbstverständlich gibt es auch Ausnahmen von dieser Regel. Auf manche Innovationen hat die Welt gewartet, wie zum Beispiel auf die Erfindung des Reißverschlusses oder des Internets. Eine Idee muss, um realisiert zu werden, auf einen Träger treffen, der bereit ist, die Harmonie der Konformität, das Schwimmen im Mainstream aufzugeben und Unverständnis, Ablehnung, Spott oder Anfeindungen auf sich zu nehmen. Damit sich die Welt in kultureller, technischer, wirtschaftlicher und gesellschaftlicher Hinsicht weiterentwickelt, brauchen wir Menschen, bei denen diese Harmonisierungstendenzen nicht zu sehr ausgeprägt sind oder die die Kraft haben, sich über diese Verhaltenstendenzen hinwegzusetzen und die damit verbundenen Nachteile in Kauf zu nehmen. Die Gesellschaft wehrt sich mit aller Kraft gegen Außenseiter. Dabei wissen wir, oder sollten es zumindest wissen, dass Ausbrüche aus dem Gewohnten, Unsinnigkeiten und Disziplinlosigkeiten notwendig sind, um Veränderungen herbeizuführen und einer veränderten Umwelt mit neuartigen Herausforderungen gewachsen zu sein. Glücklicherweise gibt es Menschen, die nicht nur neue Ideen und Sichtweisen, sondern auch die Energie haben, für deren Umsetzung zu kämpfen. Zwei solche Personen stelle ich Ihnen im Folgenden vor.

V wie Victory. Die Jan-Boklöv-Story

Vor Ideen ist niemand gefeit. Sie können mit einem Schlag, oder, wie in dem Fall, den ich hier schildern möchte, mit einem Sprung kommen.

Seit Beginn des Skispringens kannte man es nicht anders. Man tat es mit geschlossenen, parallel geführten Latten. Daran änderte sich nichts, bis ein gewisser Jan Boklöv mit einem völlig neuen Sprungstil auftrat, dem V-Stil. Er war nicht durch Berechnungen oder Tests im Windkanal zu dieser Innovation gekommen, sondern durch ein Missgeschick. Er war eines Tages im Training schlecht abgesprungen und segelte mit V-förmig auseinanderklaffenden Sprunglatten zu Tal. Rasch bemerkte er, dass er mit dieser Sprunghaltung mehr Luftwiderstand unter die Ski bekam und so eine größere Weite erreichte. Daraufhin perfektionierte er diesen Sprungstil und wandte ihn auch im Wettkampf an. Boklöv, der bis dahin nur mäßig erfolgreich gewesen war, gewann 1988 sein erstes von fünf Weltcupspringen und in der Saison 1988/89 sogar den Gesamtweltcup. Doch wer glaubt, dass Boklöv mit seiner neuen Sprungtechnik Anerkennung geerntet hätte, irrt gewaltig. Die Kollegen, Experten und Journalisten bedachten ihn mit Spott und Häme. Der Präsident des Sprungkomitees der FIS, Torbjörn Yggeset, tat sich als vehementer Gegner hervor und sah die Ästhetik des Sprungsports gefährdet. Die Sprungrichter bestraften Jan Boklöv mit Punkteabzügen für diesen „unmöglichen" Stil. Es dauerte zwei Jahre, bis alle Springer auf diese „hässliche", jedoch erfolgreiche Technik umgestellt hatten und weitere zwei Jahre, bis es keine Punkteabzüge mehr gab. Boklöv allerdings versank wieder in der Mittelmäßigkeit, da nun alle seinen V-Stil praktizierten und er seinen Wettbewerbsvorteil verloren hatte.

Worin liegt nun eigentlich die Leistung des Jan Boklöv? Die Erfindung dieses Sprungstils ist es wohl nicht, denn er verdankte die Idee dazu dem puren Zufall. Sie besteht aus meiner Sicht vielmehr darin, dass er seine Entdeckung weiter verfolgte und nicht gleich wieder verwarf, da man ja unmöglich auf diese Weise springen könne und diese Technik schon andere erfunden hätten, wenn es wirklich eine so tolle Neuerung wäre. Ich vermute, dass schon viele Springer das vergleichbare Erlebnis eines „verhauten" Sprungs hatten, aber davor zurückscheuten, zu dieser sonderbaren, abweichenden Sprungtechnik zu stehen und sie der Öffentlichkeit zu präsentieren. Nicht so Jan Boklöv. Das war seine erste Großtat. Die zweite bestand darin, dass er sich von der zum Teil sehr verletzenden Kritik und der Benachteiligung durch die Punkterichter nicht entmutigen ließ. Als schließlich alle Springer auf den V-Stil setzten, hatte er es geschafft. Er war vom Mitspringer zum Vorreiter oder besser: zum Vorspringer geworden und hatte seinen Platz in der Geschichte des Skispringens erobert. Daran änderte auch nichts, dass ihn die anderen Springer mit „seinem" Stil bald überflügelten. Ganz nebenbei: Heute findet diese Art des Springens niemand mehr unästhetisch. Im Gegenteil. Alte Aufnahmen von Skispringern, die ihre Ski parallel führen, wirken heute eigenartig.

Günter Brus. Vom Staatsfeind zum Staatspreisträger

Die Museen der Welt sind voll mit Kunstwerken, die eines gemeinsam haben: Sie sind die Kunst von gestern, geschaffen von etablierten, anerkannten Meistern, die ihren Platz in der Kunstgeschichte bereits erobert haben. Währenddessen kämpfen außerhalb der hehren Hallen Künstler um neue Ausdrucksformen, die möglicherweise in einigen Jahrzehnten Eingang in die Museen finden werden, in der Gegenwart jedoch meist auf Unverständnis und Häme stoßen. Wir können uns heute kaum vorstellen, dass die ersten Bilder der Impressionisten einen Skandal auslösten, obwohl sie nichts Anstößiges, sondern nur andere Motive und eine andere Maltechnik zeigten. Sie durften nicht im renommierten, erzkonservativen „Salon de Paris" ausstellen, und so gründeten sie den „Salon des Refusés" (Salon der Abgewiesenen). Heute schätzt sich jedes Museum glücklich, wenn es ein Werk dieser Abgewiesenen ausstellen darf. Selbst der schon zu Lebzeiten geschätzte Pablo Picasso blieb von Ablehnung nicht verschont. Als er eines seiner Hauptwerke, „Les Demoiselles d'Avignon", schuf, waren selbst seine engsten Künstlerfreunde der Meinung, dass er nun zu weit gegangen sei. Heute gelten die „Demoiselles" als eines der wichtigsten Bilder des 20. Jahrhunderts. Doch kehren wir in heimische Gefilde zurück. Egon Schiele erhielt eine Gefängnisstrafe wegen „Verbreitung unsittlicher Zeichnungen". Und selbst Ferdinand Georg Waldmüller war Anfeindungen ausgesetzt. Weil er die Freiluftmalerei bevorzugte, statt alte Meister zu kopieren, verlor er seinen Job als Kustos der Gemäldesammlung der Akademie. Erst ein Jahr vor seinem Tod wurde er von Kaiser Franz Joseph rehabilitiert. Zeitgenossen sind eben meist keine verlässlichen Beurteiler neuer Kunstrichtungen.

Es war wohl ein Schock für die Eltern von Günter Brus, als er ihnen, kaum 14 Jahre alt, eröffnete, Künstler werden zu wollen. Zwar war sein Zeichentalent in der Schule bereits aufgefallen, doch beruflicher Maler oder Grafiker? Da hätte ihnen schon eher eingeleuchtet, wenn er einen „normalen" Beruf erlernt und nebenbei als Hobbymaler gearbeitet hätte. Künstler seien doch eher Nichtstuer, die irgendwann als Säufer enden, meinten sie. Sie hatten als Greißler und Wirtsleute ein nicht gerade leichtes Leben. Doch sie erhielten Unterstützung durch eine Bekannte, eine Wienerin, die sich aufs Land zurückgezogen hatte. Sie besaß eine Wohnung in Graz und so war es möglich, dass Brus die dortige Kunstgewerbeschule besuchte, die er dann *mit allen Superlativen* abschloss. (Anm.: Die kursiv gesetzten Zitate in diesem Kapitel stammen aus einem Gespräch, das ich am 25. 3. 2014 mit Günter Brus führte.) Der Direktor bot ihm an, ihn auf die Universität für angewandte Kunst in Wien zu schicken, die Kosten dafür zu übernehmen und ihm nach der Rückkehr nach Graz eine Dozentenstelle zu verschaffen. Doch das lehnte Günter Brus ab. Er ging auf eigene Faust nach Wien. Sein erstes Erfolgserlebnis hatte er, als er an der Kunstakademie als Einziger keine Aufnahmeprüfung machen musste.

Ich habe nicht die Absicht, den künstlerischen Weg von Günter Brus detailliert nachzuzeichnen, ich möchte nur zum besseren Verständnis einige mir wichtig erscheinende Weg-markierungen angeben: Das klassische Tafelbild beengte Brus und er sprengte im buchstäblichen Sinn dessen Rahmen. Der gesamte Raum wurde für ihn zur Projektionsfläche. Er bespannte ihn mit Mollino und Packpapierstreifen und ver-teilte die Farbe in exzessiven Bewegungen. Das war die erste Grenzüberschreitung. Eine weitere erfolgte mit seiner ersten Aktion „Ana" in der Wohnung von Otto Mühl. In einem wei-ßen Zimmer mit weiß bemalter Einrichtung rollte sich Gün-ter Brus in weiße Tücher gehüllt durch den Raum. Durch die Bemalung wurden die Gegenstände und auch der Künstler selbst ihrer spezifischen Eigenart beraubt und die gewohnten Deutungsmuster des Betrachters waren somit buchstäblich gegenstandslos.

Die nächste Grenzüberschreitung bestand darin, dass der eigene Körper immer mehr in den Mittelpunkt trat, zunächst in Form einer Selbstbemalung. In einer Aktion zog Günter Brus einen schwarzen Strich über seinen weißbemalten Kopf, der wie eine Vorwegnahme von Schnitten wirkt, die er sich später real zufügte.

Das aktionistische Werk von Günter Brus steht in engem Zusammenhang mit der politischen Situation der damaligen Zeit. Das Österreich der 1950er und 1960er Jahre war geprägt von einer Erstarrung und geradezu paranoiden Einengung der Freiheit. Ruhe war die erste Bürgerpflicht. Statt einer Auf-arbeitung des Austrofaschismus und des Nationalsozialismus wollte das offizielle Österreich und wohl auch der Großteil seiner Bürger diese unheilvolle Periode vergessen und still-schweigend an die Zeit davor anschließen. In diese Stimmung der Rückwärtsgewandtheit und der Sehnsucht nach einer heilen Welt passten die Sissi-Filme, in die die Massen strömten, besser als provokante Kunstprojekte. Es herrschte eine trügerische Harmonie, erkauft mit Verdrängung und Obrigkeitshörigkeit. Mit „Bravsein" sollte die nicht eingestandene Schuld getilgt werden. Peter Turrini drückte dies in einem Interview mit unverhohlenem Sarkasmus aus: „Wir sollten freundlich und devot zum Rest der Welt sein. Und dafür hat man uns von der Schuld am Faschismus freigesprochen. Wir mussten nur den Stahlhelm gegen den österreichischen Trachtenhut auswechseln" (zit. nach Brucher, S. 91).

Eine Gruppe von Künstlern, die sich im später so genannten „Wiener Aktionismus" trafen (siehe Infokasten), wollte nicht zurück, sondern mit allen Traditionen brechen. Auch unter Studenten und Intellektuellen begann es zu gären.

Das war die Situation, auf die Günter Brus reagierte. Die

Kurz erklärt: Der Wiener Aktionismus

Der Wiener Aktionismus ist eine Kunstrichtung, die die Grenzen der Kunst aufzeigte und sich gegen repressive gesellschaftliche Zustände richtete. Die wichtigsten Protagonisten sind Günter Brus, Otto Mühl, Hermann Nitsch und Rudolf Schwarzkogler. Diese Bewegung, die von 1962 bis 1970 andauerte, entstand isoliert vom internationalen Kulturgeschehen, weist aber Parallelen zur amerikanischen Happening-Kunst und zur Body Art auf. Die Bezeichnung „Wiener Aktionismus" stammt von Peter Weibel.

Adressaten seiner Aktionen waren der Staat, die Kirche und andere normgebende Institutionen, die die Rolle des strengen Über-Ichs übernommen hatten. Günter Brus zeigte, dass man daraus ausbrechen kann, indem man Tabus verletzt. Dabei ging es ihm nie um Perversionen, obgleich die Medien versuchten, ihn und die anderen Vertreter des „Wiener Aktionismus" in diese Ecke zu drängen. Er wollte darstellen, *„was immer wieder stattfindet, aber komplett unter den Teppich gekehrt wird"*.

Am 7. Juni 1968 kam es in der Universität Wien zu jener legendären Aktion „Kunst und Revolution", an der neben Günter Brus auch Otto Mühl und Oswald Wiener teilnahmen. Dieses Happening ging als „Uni-Ferkelei" in die Geschichte ein. Günter Brus urinierte, onanierte, defäkierte und sang zu allem Überfluss dazu auch noch die Bundeshymne. „*Das Kombinieren von den beiden Dingen war natürlich eine Ohrfeige, ein Fußtritt für die Gesellschaft.*" Der Staat hatte „verstanden", dass er gemeint war und verurteilte Brus wegen Herabwürdigung von Staatssymbolen, der Ehe und des Eigentums zu fünf Monaten Arrest, verschärft durch zweimal hartes Lager und einmal Dunkelhaft. Eine Zeitung erklärte ihn zum „Staatsfeind Nr. 1".

Mit dieser Aktion hatte Günter Brus die letzte Grenze überschritten – jene zwischen der Kunst und dem politischen Statement. Und das ganz bewusst. „*Deshalb hat diese Aktion mit Kunst schon weniger zu tun als mit Rebellion, absichtlich eingesetzt, jedenfalls von meiner Seite*", sagte er im Gespräch.

Günter Brus sah sich am Ende dieses künstlerischen Weges, da er weitere Aktionen weder sich noch seiner Familie zumuten wollte. Seine Gattin Anni war ihm auf diesem Weg eine große Stütze. Sie teilte dieses extreme Leben mit ihm und war sogar als einzige Frau an Aktionen direkt beteiligt. O-Ton Brus: „*Wo gibt es eine Frau, die das durchhält? Wenn ich diese Unterstützung nicht gehabt hätte, wäre ich sicher ein Säufer geworden, wie mein Vater befürchtet hat.*" Er floh mit seiner Gattin und seiner kleinen Tochter „*bei Nacht und Nebel*" nach Berlin, wo er schon immer hingewollt hatte. Dort unternahm er mit der Veröffentlichung des Buches „Irrwisch" eine künstlerische Weiterbearbeitung des Themas Körperkunst. Und das war's dann mit dem Aktionismus.

In Berlin ging es „*rapide bergauf*". Er wandte sich nun einem völlig anderen Stil zu, man könnte sagen, einem zeichnerisch-literarischen. Er wollte auch ein bürgerlich geordnetes Leben beginnen, wie die folgende Episode zeigt, die ich Ihnen nicht vorenthalten möchte. Sein Freund Oswald Wiener riet ihm, sich beim Finanzamt anzumelden. Brus ging zum Finanzamt Lichterfelde und fragte nach der Abteilung für Kunst. *„Ich klopfe beim Zimmer an, trete ein und da sitzen drei Beamte. Ich sage: ‚Mein Name ist Günter Brus, ich komme aus Österreich, möchte in Berlin bleiben und mich auch steuerlich erfassen lassen.‘ ‚Wat wolln Se?‘ Das hatten sie noch nie erlebt. ‚Ja, Steuern zahlen halt.‘ ‚Wat machn Se denn?‘ ‚Malen und Zeichnen.‘ ‚Davon könn’ Se leben?‘ Sag’ ich: ‚Ja so mehr oder minder.‘ ‚Dann lassn Se det mal.‘“*

1980 kehrte Günter Brus mit seiner Familie nach Österreich zurück. Es war nicht mehr derselbe Brus, der nach Berlin gegangen war, es war aber auch nicht mehr dasselbe Österreich. Es war liberaler und weltoffener geworden. Seine Arreststrafe wurde in eine Geldstrafe umgewandelt. Er etablierte sich als Künstler, der bis heute im In- und Ausland Anerkennung genießt. Neben anderen Auszeichnungen erhielt er 1996 den Großen Österreichischen Staatspreis für bildende Kunst.

Es ist nicht meine Absicht und ich wäre auch nicht in der Lage, die künstlerische Bedeutung des aktionistischen Werks von Günter Brus zu würdigen. Das haben andere getan, wie zum Beispiel Peter Weibel. Ich möchte nur anführen, dass für ihn in Graz ein eigenes Museum, das „Bruseum“, eingerichtet wurde und dass das Museum of Modern Art in New York die Fotodokumente seiner Aktionen erworben hat. Mir geht es im Zusammenhang mit dem Thema Harmoniefalle vielmehr darum, zu zeigen, wie Günter Brus als Mensch mit seinem doch sehr ungewöhnlichen künstlerischen „Auftrag“ umgegangen und in welche Situationen er dabei geraten ist. Hätte er, statt diesen beschwerlichen künstlerischen Weg zu gehen, nicht als Hobbymaler, wie seine Eltern es wünschten, oder als

Lehrer an der Kunstgewerbeschule in Graz ein zwar nicht so beachtetes, doch beschauliches Leben führen können? Hätte er nicht! Er hatte einen anderen inneren Auftrag und er nahm ihn an, trotz aller Schwierigkeiten, Anfeindungen und existenziellen Nöte. Er wurde mit Mord bedroht, erhielt mehrere Freiheitsstrafen, wurde zum Staatsfeind Nr. 1 erklärt und

⏰ VORSICHT, FALLE!

Es ist nicht leicht, vom Nachahmer und Mitläufer zum Vorreiter zu werden. Doch das kann jedem von uns passieren. Niemand ist vor Ideen gefeit. Allerdings werden diese, so meine These, nur allzu oft um der Harmonie willen aufgegeben. Eine Idee muss, damit sie sich durchsetzt, auf einen Träger treffen, der bereit ist, sich aus der Harmoniezone zu entfernen und Schwierigkeiten auf sich zu nehmen. Wer es wagt, neue Wege zu gehen, muss mit Unverständnis, Ablehnung oder sogar Feindseligkeit durch die Mitwelt rechnen. Glücklicherweise gibt es Menschen, die diese Bürde auf sich nehmen. Die Gesellschaft braucht zur Weiterentwicklung Abweichler und Anders-Denker, die gegen den Strom schwimmen.

Vermutlich befinden sich auch in Ihrer Umgebung Personen, die Ähnliches geschafft haben. Vielleicht sind Sie selbst ein Mensch, der einen solch schwierigen Weg gegangen ist. Grundsätzlich hat jeder und jede einen inneren Auftrag. Jede Überzeugung, jedes Interesse, jedes Talent kann als solches aufgefasst werden und wartet auf Realisierung.

stand vor dem Ruin. Und dennoch sagt er heute: *„Ich wusste immer, dass ich das Richtige tue."* Menschen wie Günter Brus verwirklichen nicht einen Traum, sie leben eine innere Realität. Anders zu sein als die anderen und neue Wege zu gehen ist eine schwere Bürde, doch es ist die einzige Möglichkeit, Veränderungen herbeizuführen. Günter Brus bekam schließlich Anerkennung für sein Werk durch Kunstexperten und durch den Staat. Doch es hätte auch ganz anders kommen können, denn: „Die Kunst ist grausam. Für einen, der gut ist, nimmt sie vielen das Leben", sagte die große russische Malerin Marianne von Werefkin.

„Zivilcourage kann auch heißen, Ängsten Ausdruck zu geben."
Carola Stern

Zivilcourage:
Ein Harmoniebruch

Tun, was alle tun?

Stellen Sie sich vor, Sie sind zu einem feudalen Essen einge-
laden, es gibt Hummer und Sie haben keine Ahnung, wie Sie
dem Tier zu Leibe rücken sollen. Was können Sie in einer solchen Situation tun? Am besten das, was alle tun. Das kann
nicht so falsch sein. Und wenn doch, haben Sie sich wenigs-
tens nicht allein blamiert.

Bei Unsicherheit tun, was die anderen tun, ist eine weitere Strategie, die uns das Leben vereinfacht. Sie erspart uns
aufwendige Recherchen, Analysen und Bewertungen einer
Situation und das Abwägen von Verhaltensalternativen. Ein
rascher Blick auf die anderen genügt, und schon wissen Sie,
was zu tun ist. Diese Vorgehensweise empfiehlt sich besonders in neuen Situationen, bei Überforderung, bei Angst vor
Fehlern und unter Zeitdruck. Sie bietet den Vorteil einer einfach zu praktizierenden Handlungsanweisung, die meist vernünftig ist, jedoch den Nachteil hat, manchmal falsch zu sein
und uns im Extremfall sogar ins Verderben zu stürzen. Fragen
Sie die Lemminge. Es geht nicht immer um so harmlose Ver-
richtungen wie das stilgerechte Verspeisen eines Hummers. In
manchen Situationen wäre es eben sinnvoller, das Hirn einzu-
schalten und nach einer alternativen Lösung zu suchen. Oft

bleibt dafür jedoch keine Zeit oder man steht unter psychischem Druck, der rationale Überlegungen blockiert.

Kaprun, 11. November 2000, 9:02 Uhr: Der Gletscherzug auf das Kitzsteinhorn verlässt, vollbesetzt mit 162 Personen, die Talstation. Kurze Zeit später, nach der Einfahrt in den Tunnel, bleibt der Zug mit einem Ruck stehen. Im hinteren Teil des Zuges ist ein Brand ausgebrochen. Es entsteht Panik. Durch die Kaminwirkung im Tunnel wird das Feuer angefacht und die giftigen Rauchgase quellen bergwärts. 150 Insassen der Gletscherbahn kommen in den Rauchschwaden um, da sie die Rettung darin sehen, weg vom Feuer nach oben zu streben. In diesem Fall hätte der lebensrettende Weg jedoch nach unten geführt, vorbei an der Quelle des Qualms. Vielleicht haben das einige der Fahrgäste auch erkannt, doch gegen die aufwärts schiebende Menschenmenge hatten sie keine Chance. Nur eine Gruppe von zwölf Personen aus dem unteren Teil der Bahn wählte den Weg abwärts und überlebte. Vielleicht hätte es genügt, wenn im ersten Moment der Verunsicherung jemand laut kommandiert hätte, nach unten zu flüchten. Zu tun, was die anderen tun, war in diesem Fall eine wahrhaft tödliche Strategie.

Nichts tun, weil niemand etwas tut?

Manchmal wäre es das Richtige, etwas zu tun, einzugreifen, zu helfen. Die Rede ist von Zivilcourage, einem selbstlosen Handeln, das einen mehr oder minder großen Aufwand erfordert oder bei dem man sich sogar einer Gefahr aussetzt. Es ist nicht ganz leicht, Initiative für andere zu ergreifen, sich zu gefährden oder zumindest dem Widerspruch anderer auszusetzen. Leichter ist es, sich in Harmonie mit den anderen Untätigen zurückzulehnen und sich ebenfalls herauszuhalten.

Betrachten wir folgendes Beispiel: In einer Straßenbahn wird eine kopftuchtragende Muslima von einigen Jugendlichen verbal attackiert und bedrängt. Sechs andere Personen befinden sich in Hörweite und werden Zeugen dieses Vorfalls. Wird jemand von ihnen eingreifen? Natürlich hängt dies davon ab, welche Einstellungen diese Personen zu Muslimen haben, wie ängstlich sie sind, ob sie sich notfalls körperlich zur Wehr setzen könnten und so weiter. Es gibt, davon abgesehen, einige Merkmale der Situation, die, unabhängig von der Eigenart der involvierten Personen, ein Eingreifen begünstigen oder verhindern.

Ein besonders dramatischer Fall von Nichteingreifen ereignete sich 1964 in Queens, einem New Yorker Stadtteil. Catherine Genovese war auf dem Heimweg, als sie von ihrem Mörder angefallen wurde (siehe Cialdini, S. 168ff.). Es war ein qualvoller Tod, den sie erleiden musste, denn der Mann ging dreimal mit dem Messer auf sie los. 35 Minuten lang wurde sie vom Mörder verfolgt, bis sie schließlich an den Stichen starb. Wie später durchgeführte Erhebungen ergaben, hatten 38 Personen die Hilferufe gehört und das Drama von den Fenstern aus beobachtet, doch niemand verständigte die Polizei. Als ein Mann schließlich doch anrief, war es bereits zu spät. Dabei hätten sich die Beobachter nicht einmal in Gefahr gebracht, denn sie hätten gemütlich vom Wohnzimmer aus Hilfe rufen können. Angst kann also nicht der Grund für die Untätigkeit gewesen sein. Die Zeugen waren auch keine bedenklichen Charaktere, sondern „anständige" Leute, die sich ihr befremdliches Verhalten rückblickend selbst nicht erklären konnten. Die Begründung, die schnell zur Hand war und von den Medien verbreitet wurde, bestand darin, dass das Leben in der Großstadt die Menschen zu abgebrühten Egoisten mache, die sich einander völlig entfremden. Bibb Latané und John Darley, zwei New Yorker Psychologen, beschäftigten sich mit dem Fall auf wissenschaftlicher Basis und kamen zu völlig anderen Schlussfolgerungen. Im Laufe ihrer Studien stellten sie die These auf, es habe nicht trotz, sondern aufgrund der großen Zahl an Beobachtern niemand eingegriffen. Mit steigender Anzahl an Zeugen erhöhe sich die Wahrscheinlichkeit der Hilfeleistung nicht, sondern sinke vielmehr. Den Grund dafür sehen sie darin, dass die Verantwortung für den Einzelnen abnehme, wenn mehrere potenzielle Helfer anwesend seien.

Und es kommt noch etwas anderes hinzu: Situationen, die Hilfe erfordern, sind häufig nicht ganz eindeutig. Sie könnten in Wahrheit harmloser sein, als sie scheinen, es könnte sich um einen Scherz handeln, das Eingreifen könnte als unerwünschte Einmischung verstanden werden, die betroffene Person könnte sich selbst helfen, Hilfe könnte schon gerufen worden sein, es gibt eine Vielzahl an Möglichkeiten. Außerdem gerät man als „Normalbürger" selten in eine solche Lage, sodass die meisten Menschen keine Erfahrungen haben, die ihnen bei der Einschätzung helfen könnten. In solchen unklaren Situationen sind wir in erhöhtem Maße bereit, uns am Verhalten der anderen zu orientieren. Und wenn diese untätig bleiben, ist die Wahrscheinlichkeit groß, dass wir tun, was alle tun, nämlich nichts.

Der geschilderte Fall von Catherine Genovese ist zugegebenermaßen ein Extremfall und erregte damals große Aufmerksamkeit, weniger dramatische Vorfälle ereignen sich jedoch täglich. Bei Gewalt gegenüber Kindern oder Belästigung von Frauen bleibt das Eingreifen häufig aus. Autolenker fahren an Unfallopfern vorbei, ohne anzuhalten. Auch diese herzlos und gleichgültig erscheinenden alltäglichen Akte folgen dem Prinzip: Tun, was die anderen tun. In diesen Fällen eben – nichts. Es fällt schwer, das zu glauben, aber: Die größte Chance auf Hilfeleistung besteht dann, wenn nur ein Beobachter anwesend ist. Der kann die Verantwortung auf keinen anderen schieben und hat nicht das schlechte Vorbild anderer untätiger Zeugen.

Entscheidet die Person oder die Situation?

Was würden Sie tun, wenn Sie zum Beispiel in einem Warteraum säßen und aus einer Öffnung in der Wand würde plötzlich Rauch quellen? Ich will Ihr Engagement und Ihr Verantwortungsbewusstsein nicht in Frage stellen, doch es spricht einiges dafür, dass Ihre Reaktion in erster Linie davon abhängt, ob Sie allein dort sitzen oder ob auch andere Personen anwesend sind und wenn ja, wie diese sich verhalten. Ein solches Experiment nämlich führten Bibb Latané und John Darley durch. Die Testteilnehmer, Studenten der Columbia University, wurden einzeln in einen Raum gebracht und aufgefordert, einen Fragebogen auszufüllen. Nach wenigen Minuten trat die oben beschriebene kritische Situation auf: Es drang Rauch aus einer Öffnung in der Wand, der selbstverständlich ungefährlich war. Der Test wurde in drei Varianten durchgeführt. Bei Variante 1 war die Testperson allein im Raum. Bei Variante 2 waren außer der Testperson zwei weitere Personen anwesend, die in Wahrheit Mitarbeiter des Versuchsleiters waren und die Aufgabe hatten, den Rauch zwar sichtlich wahrzunehmen, aber keine weitere Reaktion zu zeigen. Bei Variante 3 war die Testperson mit zwei anderen, ebenfalls unvoreingenommenen Teilnehmern im Raum, von denen man nicht wusste, wie sie sich verhalten würden.

Und das waren die Ergebnisse: In der „Allein-Situation" (Variante 1) verließen 75 Prozent der Testpersonen den Raum, bevor der Test abgebrochen wurde und meldeten den Vorfall. Im Durchschnitt waren vom Bemerken des Rauchs bis zur

Meldung weniger als zwei Minuten vergangen. In der Situation mit zwei passiven, eingeweihten Teilnehmern (Variante 2) war das Verhalten völlig anders. Nur eine von zehn Testpersonen meldete das kritische Ereignis. Die anderen füllten weiter ihre Fragebögen aus, obwohl sich der Raum mit Rauch füllte. Sie husteten, rieben sich die Augen und öffneten das Fenster – aber sie meldeten den Rauch nicht. In der Situation mit drei unvoreingenommenen Teilnehmern (Variante 3) wäre zu erwarten gewesen, dass die Meldung des Vorfalls rascher und häufiger erfolgt als in der „Allein-Situation", da nicht nur ein potenzieller „Rauchmelder", sondern gleich derer drei anwesend waren. Tatsächlich meldete jedoch nur in 38 Prozent der Fälle eine Person die kritische Lage. Außerdem war die verstrichene Zeit bis zur Reaktion deutlich länger als in Versuchsvariante 1.

Dieses Experiment zeigt sehr deutlich, dass die Wahrscheinlichkeit, dass eine Person in einer kritischen Situation eingreift, am größten ist, wenn keine weiteren Zeugen anwesend sind. Bei mehreren Beobachtern erfolgt das Eingreifen wesentlich seltener und es dauert auch länger, bis es passiert. Die geringste Chance auf das Ergreifen einer Initiative besteht dann, wenn andere Personen anwesend sind, die passiv bleiben.

Wie sollte sich also aufgrund dieser experimentellen Erfahrungen jemand verhalten, der in die Lage gerät, Hilfe zu benötigen?

- Klarheit schaffen und deutlich zum Ausdruck bringen, dass Hilfe gewünscht wird.
- Bei mehreren Umstehenden eine bestimmte Person ansprechen (z. B. „Sie mit dem blauen Mantel") und einen konkreten Auftrag geben (z. B. „Rufen Sie die Polizei").

Haben wir überhaupt eine Chance, uns entgegen diesem fest einprogrammierten Muster „Tun, was die anderen tun" zu verhalten? Ich behaupte: Ja. Um das zu beweisen ist allerdings das erwähnte Beispiel des Unfalls der Gletscherbahn Kaprun wenig geeignet. In einer Situation, die man noch nie erlebt hat, die von Panik und Unsicherheit geprägt ist und die eine Entscheidung unter enormem Zeitdruck erfordert, ist es sehr wahrscheinlich, dass sich das fest einprogrammierte Verhaltensmuster durchsetzt. Doch so ist es nicht immer. Manchmal haben wir durchaus genügend Zeit und emotionalen Abstand um zu überlegen, ob das, was alle tun, wirklich so gut ist – und um gegebenenfalls eine Alternative zu entwickeln. Wenn „alle" Fernreisen buchen, ist es vielleicht nicht so verkehrt, einen Urlaub in der näheren Heimat ins Auge zu fassen. Wenn „alle" ein Handy haben und sich davon terrorisieren lassen, kann es vernünftig sein, sich zumindest tageweise davon zu befreien. Wenn alle rauchen, dem Alkohol zusprechen oder Drogen ausprobieren, kann es nützlich sein, Zurückhaltung zu üben. Selbst wenn es sich bei der Tendenz zur Konformität um eine angeborene oder im frühen Kindesalter geprägte Eigenschaft handelt, sind wir ihr nicht hilflos ausgeliefert. Wir sind mit Bewusstsein und Vernunft ausgestattet und können uns, zwar nicht immer, aber in günstigen Situationen, dagegen entscheiden und nicht in die Konformitätsfalle des „Tun, was die anderen tun" tappen.

„Autorität: Ohne sie kann der Mensch nicht existieren, und doch bringt sie ebenso viel Irrtum als Wahrheit mit sich."
Johann Wolfgang von Goethe

Unterordnung schafft Ordnung

Ober sticht Unter

Eine Möglichkeit, Ordnung in die soziale Welt zu bringen, ist die Einteilung in oben und unten, in Vorgesetzte und Untergebene, in Befehlende und Befehlsempfänger, in Autoritäten und Gefolgsleute, in Gurus und Jünger, Meister und Lehrlinge. Wir finden hierarchische Strukturen in allen Gruppierungen von Menschen, vom Militär über Institutionen, Unternehmen und Vereine bis hin zur Familie und zum Freundeskreis. In allen diesen Gruppen gilt die dem Kartenspiel entlehnte Regel: Ober sticht Unter. Und das funktioniert, weil der, der oben ist, Sanktionsmöglichkeiten hat. Der Vater kann das Taschengeld kürzen, der Chef eine Kündigung aussprechen, der Richter eine Strafe verhängen und so weiter. Doch wie verhalten sich Menschengruppen, die einander nicht über- oder untergeordnet sind, wie zum Beispiel Schüler einer Klasse, Mitglieder eines Clubs, Arbeitskollegen oder Freunde? Auch in solchen Gruppen, in denen kein hierarchisches Gefälle besteht, gibt es die Personen, die sich mit ihren Vorschlägen durchsetzen, auf deren Meinung gehört und deren Verhalten imitiert wird. Sie beziehen ihre Autorität nicht aus einer Position, die ihnen Macht verleiht, sondern aus besonderen Eigenschaften, Kenntnissen und Fähigkeiten und manchmal auch nur aus dem Anschein, solche zu besitzen. Die Rede ist von Experten, Meinungsbildnern, Gurus und Idolen. Autorität ist auch eine Frage der Inszenierung. Der Löwe gilt nicht nur deshalb als König der Tiere, weil er kräftig, schnell und aggressiv ist, er verdankt diesen Status auch seiner imponierenden Mähne, seinem angsteinflößenden Gebrüll und seinem majestätischen Gehabe. Auch die Mächtigen dieser Welt verlassen sich nicht auf ihren Status, sondern sie unterstreichen diesen mit Imponiergehabe, Zeremonien, Verkleidungen und anderem Brimborium.

Es gehört zu den Eigenarten des Menschen, sich gegen Autoritäten zu wehren. Er will nicht beherrscht werden, sondern selbstbestimmt handeln. Das Kleinkind wehrt sich gegen die Gebote der Eltern, der Angestellte gegen die nicht immer plausiblen Anordnungen des Chefs, der Rekrut gegen missliebige Befehle des Vorgesetzten. Das ist aber nur die eine Seite. Die andere zeigt uns als Wesen, die manchmal nur allzu bereit sind, sich Autoritäten unterzuordnen.

Gehorsam schlägt Mitgefühl

Sind Autoritäten in der Lage, Handlungen von uns zu verlangen, die wir normalerweise niemals ausführen würden? Wie weit reicht ihre Macht, oder, anders gefragt: Wie weit geht unsere Bereitschaft, ihren Anweisungen zu folgen? Dieser Frage ging der amerikanische Psychologe Stanley Milgram mit seinem berühmt gewordenen Experiment im Jahre 1962 nach. Obwohl diese Testanordnung weitgehend bekannt sein dürfte, möchte ich sie kurz in Erinnerung rufen. Milgram gab vor, den Zusammenhang von Bestrafung und Lernerfolg zu untersuchen. Die Teilnehmer kamen in einen Raum, in dem sich der mit einem weißen Mantel bekleidete Versuchsleiter und eine weitere „Testperson" befanden. Letztere war in Wirklichkeit ein Schauspieler. Mit einer fingierten Losziehung wurde die eigentliche Testperson zum „Lehrer" und der Schauspieler zum „Schüler" bestimmt. Dieser nahm auf einem Sessel Platz, der nicht zufällig an einen Elektrischen Stuhl erinnerte und wurde dort festgeschnallt. Die Situation war komplett inszeniert, die Testperson wusste als einzige nicht Bescheid. Der Versuch lief dann so ab: Der „Lehrer" wurde aufgefordert, bei jedem Fehler, den der „Schüler" (absichtlich) bei der Zusammensetzung von Wortpaaren beging, diesem einen elektrischen Schlag zu verabreichen. Nach jedem weiteren Fehler wurde die Stromspannung um 15 Volt erhöht. In Wahrheit wurden natürlich keine elektrischen Schläge verabreicht, vielmehr zeigte der Schauspieler in der Rolle des „Schülers" je nach der eingestellten Spannung bestimmte Reaktionen, zum Beispiel Stöhnen, Schmerzensschreie oder das Verlangen, vom Stuhl losgebunden zu werden. Der Versuchsleiter bestand in einem solchen Fall darauf, dass der Test „zum Nutzen der Wissenschaft" fortgeführt wurde. Er wies auch darauf hin, dass er die Verantwortung für alles übernehme, was passierte.

Die Autorität des Versuchsleiters wurde mit einigen Accessoires unterstrichen, wie zum Beispiel mit dem erwähnten weißen Mantel, dem bestimmten Auftreten als Forscher der berühmten Yale University und der Berufung auf die Wissenschaft. Die Macht des Versuchsleiters war jedoch ziemlich begrenzt, denn die Testpersonen hätten keinen Nachteil befürchten müssen, wenn sie bereits bei der ersten Aufforderung, einen elektrischen Schlag zu geben, das Labor verlassen hätten. Das Honorar von vier Dollar hätten sie trotzdem bekommen. Dennoch weigerte sich bei den vielen Experimenten, die Milgram in der Folge mit mehreren Hundert Testpersonen zu diesem Thema durchführte, kein einziger Teilnehmer, einer ihm völlig unbekannten Person einen Elektroschock zu verpassen.

Vom Ergebnis waren zunächst Stanley Milgram und seine Kollegen und dann die gesamte Fachwelt schockiert. Was niemand erwartet hatte: Von 40 Personen gingen 26 bis zur maximalen Spannung von 450 Volt. Wie ist das zu erklären? Sind die Menschen tatsächlich mehrheitlich Monster ohne ethisches Empfinden? Das wohl nicht. Das Gewissen ist keine Erfindung von Philosophen, Theologen oder Psychoanalytikern. Auch die Hirnforscher sagen uns, dass wir so etwas wie ein „ethisches Ich" haben, das im orbitofrontalen Cortex lokalisiert ist. Und dieses scheint sich bei den Testpersonen auch tatsächlich gerührt zu haben, denn nach dem Experiment gaben sie an, äußerst unangenehme Gefühle und Gewissenskonflikte gehabt zu haben. Doch diese reichten nicht aus, um die Testpersonen die quälende Prozedur abbrechen zu lassen.

Lag es vielleicht daran, dass sie sich nicht in die „Schüler" einfühlen konnten? Jerry Burger, der das Experiment 46 Jahre nach Milgram in einer „Light-Version" wiederholte, ging der Frage nach, ob Empathie einen Einfluss auf die Reaktionen der Teilnehmer hat und mitfühlende Testpersonen sich den Anweisungen des Versuchsleiters eher widersetzen. Leider nein. Er stellte fest, dass Teilnehmer, die über mehr Einfühlungsvermögen verfügen, zwar früher ihr Widerstreben ausdrückten, das Experiment fortzusetzen, letztlich jedoch genauso unerbittlich weitermachten wie die mit weniger Mitgefühl. Die Bereitschaft zum Gehorsam war auch bei ihnen stärker als ihre Schuldgefühle. Es scheint sich in den Testpersonen ein Kampf zwischen Gewissen und Gehorsam abzuspielen, in dem zwar nicht immer, aber erstaunlich oft die Bereitschaft siegt, einer Autorität zu folgen. Der Gehorsam gegenüber Autoritäten erfolgt nicht wegen fehlenden, sondern trotz vorhandenen Mitgefühls und nicht wegen fehlenden, sondern trotz funktionierenden Gewissens. Gerade die verspürte Dissonanz ist ein Hinweis darauf, dass Mitgefühl und Moral vorhanden sind, sich aber bei der Mehrzahl der Testpersonen nicht gegen die Bereitschaft durchsetzen konnten, den Anordnungen der Autorität zu gehorchen. Wenn man Menschen außerhalb des Experiments fragen würde, welches das moralisch richtige Verhalten wäre, wüssten es alle, nur setzt sich diese Einsicht in der Testsituation nicht durch. Milgram kommt zu der ernüchternden Erkenntnis: „Die Kraft, die vom Moralgefühl des Individuums ausgeht, ist weit weniger wirksam, als gesellschaftliche Mythen es uns glauben machen möchten" (S. 23).

Aufgrund dieser Ergebnisse können wir es uns nicht so leicht machen, Folter und andere Qualen, die im Auftrag einer Autorität anderen Menschen zugefügt werden, ausschließlich gefühlskalten und unmoralischen Soziopathen zuzuschreiben. Die Testteilnehmer waren durchschnittliche Personen, Arbeiter, Angestellte und Selbstständige, die sich auf eine Annonce hin gemeldet hatten. In Persönlichkeitstests war zuvor festgestellt worden, dass sie psychisch unauffällig waren.

Wichtig erscheint mir die Feststellung von Stanley Milgram, dass sich die Testpersonen völlig am Versuchsleiter und dessen Anordnungen orientierten und nicht am Verhalten der Opfer. Es scheint, als würden sie sich als verlängerter Arm der Autoritätsperson verstehen. Das zeigt sich auch bei einer Variante des Tests, die Milgram später durchführte. Bei dieser wies der Versuchsleiter den „Lehrer" an, dem „Schüler" keine weiteren Schocks zu verabreichen, das Opfer war jedoch instruiert, darauf zu bestehen, weiterhin bestraft zu werden. In diesem Fall ignorierten die Testpersonen den Wunsch der „Schüler" und weigerten sich zu 100 Prozent, auch nur einen weiteren Schock zu verabreichen. In einer anderen Variante wurde die Autorität des Versuchsleiters dadurch geschwächt, dass ein zweiter Versuchsleiter anwesend war und die beiden sich in ihren Anweisungen widersprachen. Die Testpersonen reagierten vollständig verunsichert und forderten die beiden

Versuchsleiter auf, sich zu einigen. Oder sie versuchten, herauszubekommen, wer von den beiden das Sagen hatte. Wenn dies erfolglos blieb, brachen sie das Experiment ab.

Der Alltagsgehorsam

Nach einer Veröffentlichung von Amnesty International im Mai 2014 wird in 141 Staaten der Erde systematisch gefoltert. Dennoch kommen wir in unserem Alltagsleben glücklicherweise kaum in die Lage, andere Menschen zu quälen, weil es von einer Autorität verlangt wird oder einem höheren Ziel dient. Oder vielleicht doch? Es kann auch in unserer zivilisierten Gesellschaft passieren, dass Mitarbeiter von Vorgesetzten zu Handlungen veranlasst werden, die sie eigentlich moralisch ablehnen, wie zum Beispiel unseriöse Verträge abzuschließen, minderwertige Waren zu verkaufen oder gezielt falsche Informationen zu verbreiten. Und es soll auch schon vorgekommen sein, dass Journalisten eine Meinung vertraten, die nicht ihre eigene, sondern die des Chefredakteurs oder des Herausgebers war.

Mir geht es in diesem Zusammenhang um die vielen harmlos anmutenden Situationen im Alltagsleben, in denen wir aus freien Stücken unser Handeln unter die „Patronanz" einer Autorität stellen, ohne uns dessen immer bewusst zu sein. Wir folgen meist blind den Anweisungen eines Arztes, richten unsere Ernährung nach den Empfehlungen von Gesundheitsexperten aus, setzen die Anleitungen des Tennislehrers, des Yogatrainers oder eines anderen Kapazunders um, hören auf die Börsentipps unseres Anlageberaters und so weiter. Unser Alltag ist voll von Handlungen, bei denen wir einer Autorität gehorchen. Das alles hat herzlich wenig mit dem Milgram-Experiment zu tun. Auf den ersten Blick zumindest. Bei näherer Betrachtung funktionieren all diese Verhaltensweisen nach dem gleichen Schema: Wir folgen unter Ausschalten der eigenen Beurteilung der Situation und unter Nichtbeachten der Konsequenzen unseres Handelns den Befehlen, Anweisungen oder Ratschlägen von Autoritäten und neigen dazu, die Verantwortung auf diese abzuschieben. Und das ist nicht immer harmlos.

Es kann auch in unserer Gesellschaft zu Gehorsam gegenüber Autoritäten kommen, der moralisch bedenklich ist oder Schaden zufügt. Ein Beispiel: Ärzte genießen in aller Regel große Autorität. Ihre Patienten vertrauen ihnen und sind auch meist bereit, ihren Empfehlungen zu folgen. Vor diesem Hintergrund mutet es bedenklich an, wenn, wie deutsche Medien berichten, in großer Zahl unnötige Operationen durchgeführt werden. So gibt es etwa in Deutschland wesentlich mehr Knie- und Hüftoperationen als in den anderen OECD-Ländern. Nach Expertenmeinung sind auch 40 bis 45 Prozent aller Bandscheibenoperationen entbehrlich. Ähnliche Zustände scheinen in den USA zu herrschen. Thomas O. Hein berichtet von einer Studie, die im Jahr 2000 in Houston, Texas durchgeführt wurde. 120 Patienten mit Kniearthrose sollten arthroskopiert werden, doch nur bei der Hälfte von ihnen wurde diese Operation tatsächlich durchgeführt. Die anderen 60 Patienten erhielten lediglich einen oberflächlichen Schnitt, um einen Eingriff vorzutäuschen. Der Erfolg war in beiden Gruppen gleich. Nach zwei Jahren zeigten sich 90 Prozent aller Patienten mit der „Operation" zufrieden, auch die, an denen eine solche nicht durchgeführt worden war, nur verspürten die tatsächlich Operierten mehr Schmerzen als die mit dem Placebo-Eingriff.

Die Falle bei der Harmonisierung mit einer Autorität liegt darin, dass diese die Macht hat, uns auch zu unsinnigen, unmoralischen oder schädigenden Handlungen zu verleiten, die im Widerspruch zu unseren eigenen Einstellungen und Wertvorstellungen stehen. Sobald eine Autorität von uns legitimiert ist, sind unser Denken, unser Urteilsvermögen und unser gesunder Menschenverstand weitgehend ausgeschaltet. Was kann man tun, um nicht in die Autoritätsfalle zu tappen? In den Ergebnissen von Milgram finden sich einige Hinweise. Autoritäten haben es nicht gern, wenn neben ihnen noch weitere bestehen. Sie neigen zur Eifersucht. Auch wir selbst hören lieber auf nur einen Einflüsterer, um nicht irritiert zu werden, denn zwei Autoritäten, die sich widersprechen, schwächen sich gegenseitig und lösen Verwirrung und Unsicherheit aus. Ich sehe daher eine Chance darin, Autoritäten ständig zu hinterfragen. Wie bei ärztlichen Diagnosen und Therapievorschlägen ist es auch sonst ganz gut, eine Zweitmeinung einzuholen, zum Beispiel den Tennislehrer einmal zu wechseln und Experten anzuhören, die andere wirtschaftspolitische, gesellschaftspolitische oder religiöse Positionen vertreten als unsere bisherigen Meinungsbildner. Das schwächt, wie Milgram zeigen konnte, die Macht der Autoritäten und gibt uns zumindest einen Teil der Handlungsfähigkeit und Selbstverantwortung zurück.

Auch Sie sind eine Autoritätsperson für andere: als Vater oder Mutter, Vorgesetzter oder Experte. Wie gehen Sie mit dieser Macht um? Sind Sie in der Lage, Ihren Anvertrauten, Followern oder Untergebenen das eigene Denken und Urteilen zu belassen und sie dabei zu unterstützen, ihre eigene Meinung zu bilden und zu artikulieren? Und lassen Sie es zu, dass Ihre Autorität hinterfragt oder vielleicht sogar in Frage gestellt wird?

Die Gehorsamsfalle

Wie die Ergebnisse von Stanley Milgram und seiner Nachfolger zeigen, handelt es sich beim Gehorsam gegenüber Autoritäten um eine ausgesprochen starke und weitverbreitete Verhaltensdisposition. Und auch in diesem Fall müssen wir uns fragen, wie sie in unsere Gehirne gekommen ist. Alle derartigen Überlegungen sind natürlich spekulativ, doch man kann sich sehr leicht ausmalen, dass im Laufe der Evolution solche Gruppen Vorteile erlangen konnten, die hierarchisch strukturiert waren. Wenn jeder tut, was er für richtig hält, entsteht Chaos. Wollten unsere Vorfahren bei der Jagd oder im Kampf erfolgreich sein, war es notwendig, dass jemand Aufträge erteilte und andere diese „blind" befolgten, ohne sie zuvor auf ihre Sinnhaftigkeit zu prüfen. Individuen in solchen Gruppen hatten daher bessere Überlebens- und Fortpflanzungschancen. Über- und Unterordnung und Aufgabenteilung waren sicherlich schon damals Erfolgsmodelle. Und so ist es auch noch heute. Wir müssen nicht das Beispiel des Militärs bemühen. Auch Firmen, Institutionen, Vereine und Parteien sind hierarchisch organisiert. Im Fußball wäre ein Team aus Individualisten, die nicht bereit sind, den Anweisungen des Trainers zu folgen, zum Scheitern verurteilt. Und ein Orchester, das sich nicht dem Dirigenten unterordnet, würde bald keine Zuhörer mehr haben. Gehorsam wird von der Gesellschaft verlangt und auch belohnt. Es beginnt schon bei der Erziehung durch die Eltern, die uns als absolute Autoritäten vermitteln, was gut und was böse, was richtig und was falsch ist. Und es setzt sich fort in der Schule, am Arbeitsplatz, in der Religion, bei Behörden und so weiter. Überall werden wir auf Gehorsam getrimmt. Folgsamkeit und Unterordnung werden meist belohnt und stehen in der Gesellschaft hoch im Kurs. Doch Gruppen und Institutionen brauchen nicht nur

Gehorsam, Einheit und Geschlossenheit, sondern für ihre Weiterentwicklung und Anpassung an neue Situationen auch Abweichler, Anders-Denker und Gehorsamsverweigerer.

Dem Individuum bringen Anlehnung an Autoritäten und Gehorsam eine Reihe von Vorteilen. Wir stoßen damit erneut auf einen Mechanismus der Psyche, der das Leben erleichtert, der uns hilft, ohne Anstrengung Ordnung in eine komplexe Welt zu bringen und Entscheidungen zu treffen, für die wir nicht einmal die Verantwortung übernehmen müssen. Es macht durchaus Sinn, sich unter die Patronanz von Autoritäten zu begeben, die über mehr Wissen, Kenntnisse und Erfahrungen verfügen als wir selbst. Das erleichtert uns das Leben und wir müssen nicht selbst Informationen beschaffen, Daten analysieren, uns eine Meinung bilden und Entscheidungen treffen. Da ist es doch einfacher, einer Autorität zu folgen.

„Gehorsam heißt die Tugend, um die der Nied're sich bewerben darf."
Friedrich Schiller

„Ungehorsam ist für jeden, der die Geschichte kennt, die eigentliche Tugend des Menschen. Durch Ungehorsam entstand der Fortschritt, durch Ungehorsam und Aufsässigkeit."
Oscar Wilde

„Aufruf zum Ungehorsam"

Einmal Stephansplatz und zurück

Gehorsam wird vielfach als Tugend hingestellt. Ich vermute, dahinter stecken die Mächtigen dieser Welt, denn sie profitieren am meisten von dieser Eigenschaft der „Niederen". Kein Zweifel: Gehorsam, das Befolgen von Regeln und Befehlen, hat durchaus positive Auswirkungen. Es fördert die Geschlossenheit und Effizienz einer Gruppe, solange es um das bloße Umsetzen von Handlungsanweisungen geht. Die andere Seite: Durch Gehorsam kann nur das Herkömmliche, Bekannte, Tradierte weitergeführt werden. Entwicklung braucht Mut zum Anders-Sein, Anders-Denken und manchmal eben auch zum Ungehorsam.

Meines Wissens war Mag. Helmut Schüller nie Gast in der TV-Sendung „Wir sind Kaiser". Dort wäre er von Seiner Majestät Robert Heinrich I. alias Robert Palfrader mit der Ermahnung verabschiedet worden: „Er darf sich zurückziehen, aber er muss auch einmal ein bisserl brav sein." Genützt hätte das vermutlich nichts, denn wer es wagt, sich mit einer der mächtigsten Institutionen des Globus anzulegen, und das auch noch als einer ihrer Mitarbeiter, nimmt es mit dem fiktiven Herrscher von Österreich noch allemal auf. Denn das Lebensthema von Helmut Schüller ist der Ungehorsam, eine Rolle, die er sich nicht ausgesucht hat. *„Man sitzt ja nicht da und überlegt, womit man gegen den Strom schwimmen kann"*, sagte er in einem Gespräch, das ich am 15. 7. 2015 mit ihm führte. (Anm.: Die kursiv gesetzten Zitate in diesem Kapitel stammen aus diesem Interview.)

Wer ist dieser Mann, der einen solchen Kampf aufgenommen hat? Schüller wuchs in Niederösterreich auf, war eifriger Ministrant, maturierte in einem Knabenseminar, studierte Theologie und erhielt mit 25 Jahren die Weihe zum Priester. Danach wurde er Diözesanjugendseelsorger, Direktor der Caritas in Wien und später Präsident der Caritas Österreich. Für letztere Tätigkeit wurde er von der Wirtschaftsuniversität als Manager des Jahres 1993 ausgezeichnet. Zwei Jahre später ernannte ihn Kardinal Christoph Schönborn zum Generalvikar. Eine großartige Karriere im Schoß der Kirche fand ihren vorläufigen Höhepunkt. Doch dann kam es zum Knick. Nach vier Jahren wurde er vom Kardinal wegen allzu unterschiedlicher Auffassungen wieder aus dem Amt entlassen. Das Kündigungsschreiben sei ihm nachts vor die Wohnungstür gelegt worden („Kurier" vom 23. 12. 2012, S. 11). Eine Aussprache über die Gründe habe bis heute nicht stattgefunden. Abweichende Meinungen kommen in dieser Organisation eben nicht gut an. Das hätte Helmut Schüller eine Lehre sein sollen. War es aber nicht.

Er fiel nach seinem Auszug aus den Amtsräumen am Stephansplatz glücklicherweise nicht ins Bodenlose, denn zu diesem Zeitpunkt war er bereits seit zwei Jahren Pfarrer in Probstdorf und konnte sich nun dieser Aufgabe voll widmen. In dieser Funktion beobachtete er Entwicklungen, die ihn mit großer Sorge erfüllten. Aufgrund des Personalmangels wurden Pfarren zugesperrt oder abgewickelt, wie es im Wirtschaftsjargon heißt, sodass eine seelsorgerische Betreuung der Gläubigen nicht mehr zu leisten war. Aus dieser Situation zog er seine eigenen Schlüsse, doch damit stieß er bei seinen Vorgesetzten auf wenig Gegenliebe. In seiner Not gründete er mit einigen Gleichgesinnten die „Pfarrer-Initiative" und wurde zu deren Gesicht und Stimme. Die Gruppe erweckte zwar mediale Aufmerksamkeit, die Wirkung nach innen war jedoch enttäuschend gering. So entschloss sich die Initiative 2006, mit dem „Aufruf zum Ungehorsam" an die Öffentlichkeit zu treten.

Die darin enthaltenen Forderungen sind nicht neu, doch sie stellen nach wie vor Tabus in der katholischen Kirche dar:

- Zulassung von Frauen und Verheirateten zum Priesteramt;
- Kommunion für wiederverheiratete Geschiedene und
- Predigterlaubnis für Laien.

Pest oder Cholera

Mir geht es in diesem Zusammenhang nicht darum, zu beurteilen, wie gerechtfertigt die Forderungen der Pfarrer-Initiative sind oder darum, Kritik am autoritären Führungsstil der katholischen Kirche zu üben. Es geht mir um die Frage: Was geschieht mit Menschen, die vor die Wahl gestellt werden, gehorsam oder ungehorsam zu sein, sich einer Autorität unterzuordnen oder ihrem Gewissen zu folgen. Niemand, es sei denn ein notorischer Querulant, sucht sich eine derartige Situation aus. Man hat die Wahl zwischen Pest und Cholera, denn beide Alternativen bedeuten enormen psychischen Stress.

Die Grazer Psychologin Grete Schurz (1983) wiederholte das Milgram-Experiment (siehe Kapitel „Unterordnung schafft Ordnung") in etwas abgewandelter Form. Dabei stellte sie fest, dass es für die Psyche eine enorme Belastung bedeutet (gemessen mit der Pulsfrequenz), einer Autorität zu gehorchen, obwohl es der eigenen Überzeugung widerspricht. Noch größer ist der Stress jedoch, wenn man die Gefolgschaft verweigert. In beiden Fällen, sowohl bei Gehorsam als auch bei Ungehorsam, spielen sich Harmonisierungsprozesse ab. Im Falle des Gehorsams wird dem Konflikt ausgewichen und Konsonanz mit der Autorität hergestellt. Dies allerdings um den Preis einer inneren Zerrissenheit zwischen Verhalten und Gewissen. Man tut oder akzeptiert etwas, das man eigentlich ablehnt. Bei Ungehorsam dagegen wird die Harmonie zwischen Einstellung und Handeln aufrechterhalten, doch nun drohen Sanktionen der Autorität, denn bei Gehorsamsverweigerung schlägt das „Imperium" gewöhnlich zurück. So war es auch bei Helmut Schüller. Ab dem Zeitpunkt des Aufrufs zum Ungehorsam gab es Gegenwind, *„weil nicht vorgesehen ist, dass Pfarrer sich kritisch zu den Vorgaben von Vorgesetzten äußern. Es wird erwartet, dass die Pfarrer durchführen, was vom Bischof kommt."* Es gab Drohungen und die „besorgte" Frage, *„warum wir so viel Wert darauf legen, römisch-katholische Priester zu sein. Da ist mitgeschwungen: Wollt ihr nicht gehen?"*

Doch das war und ist für Helmut Schüller keine Option. *„Nicht einmal in den verrücktesten Gedanken wäre mir das eingefallen. Ich kann das ziemlich einfach beantworten mit einem vielleicht etwas überraschenden Vergleich. Ich habe in der Kirche nicht eine Mietwohnung, sondern ich bin Eigentumswohnungsbesitzer, das heißt, ich gehöre zur Kirche und die Kirche gehört zu mir."* So blieb ihm nur der Weg, in „seiner" Kirche zu bleiben und ungehorsam zu sein.

Ungehorsam schafft Klarheit

Der Ungehorsam eines Einzelnen oder einer Gruppe ist ein klares Statement nach außen und lässt auch die anderen Beteiligten nicht unberührt. Im gegenständlichen Fall mussten sich die Priesterkollegen selbst zwei Fragen stellen: Wie stehe ich zu den Inhalten der Pfarrer-Initiative und wie halte ich es mit dem Gehorsam? Nachdem der „Aufruf zum Ungehorsam" veröffentlicht worden war, meldeten sich einige Priesterkollegen, um Helmut Schüller zu versichern, dass sie dächten wie er. *„Wenn jemand das Eis, das Tabu bricht, dann lockert sich meist die ganze Szene und es fühlen sich auch andere ermutigt. Die sagen, ich bin froh, dass es euch gibt, denn irgendwie habe ich das Gefühl, ich bin nicht allein mit meinen Sorgen."* Das entspricht den Forschungsergebnissen von Solomon Asch. Er fand, dass die Neigung, zu seiner Überzeugung zu stehen, auch wenn die Mehrheit anderer Meinung ist, steigt, wenn ein anderer es wagt, gegen den Strom zu schwimmen. Diese Erfahrung zeigt allerdings auch, dass es nichts nützt, die Faust in der Hosentasche zu ballen und sich gleichzeitig der Autorität zu beugen. Erst wenn sich jemand mit seiner widersprechenden Meinung outet, wird es den Sympathisanten erleichtert, sich ebenfalls zu ihrer Meinung zu bekennen. Doch selbst dann bleiben die Ängste vor Sanktionen groß. Helmut Schüller berichtet, dass laut einer Umfrage 80 Prozent der Pfarrer den Forderungen seiner Initiative zustimmen, sich jedoch nur 14 Prozent der Initiative anschlossen. *„Es melden sich einige, die sich trauen, diesen Standpunkt einzunehmen. Und es melden sich einige, die sich nicht trauen, aber still und leise Zustimmung signalisieren. Die sagen, ihr macht das gut, aber leider kann ich öffentlich nichts dazu sagen. Manche haben gesagt, wir sind eurer Meinung, aber es hat keinen Sinn, denn es ändert sich eh nichts."*

Muss etwas erfolgversprechend sein, damit man es trotz Schwierigkeiten in Angriff nimmt? Helmut Schüller hält nichts vom „Ändert-sich-eh-nichts-Argument". Für ihn gehört die Denkweise: „Ich investiere nur, wenn ich etwas herausbekomme" in die Welt des Kapitalismus. Oder vielleicht nicht einmal dorthin. *„In der geistigen Welt, wahrscheinlich auch in der ökonomischen, geht es darum, dass man seinen Teil der Verantwortung ernst nimmt, auch wenn man selber nicht ernten kann."* Und er fügt hinzu: *„Wir können nur das tun, was wir tun können, und wir tun es in der Annahme, dass nichts von dem verloren geht, sondern dass möglicherweise Veränderungen anders kommen, als wir es uns denken und zu einem anderen Zeitpunkt."*

Ein wenig Enttäuschung über die *„lauwarme, nicht richtig aufschlussreiche Situation"* ist bei Helmut Schüller durchaus herauszuhören. Er meint, es herrsche eher eine Stimmung, dass *„eh alles in Ordnung"* sei. Sein Engagement habe er jedoch niemals bedauert. *„Ganz im Gegenteil. Ich habe viel dabei gewonnen. Auch an Klarheit, denn in der Auseinandersetzung mit mir selbst ist mir vieles klarer geworden."* Allerdings würde er das Manifest heute nicht mehr „Aufruf zum Ungehorsam" nennen, sondern vielleicht „Aufruf zum Gehorsam gegenüber dem Evangelium", denn er sieht sich mit seinen Forderungen durchaus im Einklang mit seinem Gott. Schwierigkeiten hat er nur mit den irdischen Autoritäten.

Der Ungehorsam von Untergebenen zwingt auch die Autorität zu einer Klärung. Sie ist gezwungen zu reagieren. Lässt sie das Aufbegehren zu, schwächt sie ihre Position, kann aber Veränderungen einleiten, die möglicherweise langfristig eine Stärkung bedeuten. Bestraft sie die Abweichler, gewinnt sie an Stärke, büßt jedoch ihre Anpassungsfähigkeit ein. Im Falle der Pfarrer-Initiative ist die Kirche bisher einer Klärung aus dem Weg gegangen. Es gab weder vom Stephansplatz noch aus dem Vatikan eine ausdrückliche Zurückweisung oder strenge Sanktionen, allerdings auch keine Zustimmung. Eine Reaktion aus Rom gab es immerhin: Helmut Schüller wurde ohne Angabe von Gründen der Ehrentitel Monsignore entzogen.

⏰ VORSICHT, FALLE!

Wir alle sind, besonders im beruflichen Umfeld, in hierarchische Ordnungen eingebunden – und es kann jedem von uns passieren, von Vorgesetzten zu einer Handlung veranlasst zu werden, die den eigenen Überzeugungen widerspricht. Dafür muss man nicht Pfarrer in einer mächtigen Kirche sein. Autoritäre Strukturen gibt es überall. Dann ist man gezwungen zu entscheiden, ob man gehorcht oder den Gehorsam verweigert. Es hängt wohl von den inneren und äußeren Umständen der Betroffenen, zum Beispiel von den Jobalternativen, den Sorgepflichten, der familiären Unterstützung, der psychischen Stabilität und so weiter ab, welche Entscheidung schließlich getroffen wird. Gehorsam erscheint vielfach als die bessere Möglichkeit, da man damit Sanktionen, die bei Ungehorsam zu erwarten wären, vermeiden und Harmonie mit den Vorgesetzten herstellen oder bewahren kann. Dies erweist sich aber möglicherweise als Falle. Die Ergebnisse von Grete Schurz belegen zwar, dass Ungehorsam besonders starken Stress auslöst, es könnte jedoch sein, dass die psychischen Auswirkungen eines Handelns gegen das eigene Gewissen längerfristig noch wesentlich gravierender sind. Ungehorsam führt möglicherweise zu Belastungen wie Jobverlust, Mobbing, Isolation, doch er bringt immerhin den Vorteil, sich selbst in die Augen schauen zu können und mit sich im Reinen zu sein. Ein nicht zu unterschätzender Vorteil für das psychische Wohlbefinden.

Ein weiteres Detail gibt einen interessanten Hinweis darauf, wie Autoritäten ticken. Die Forderungen der Pfarrer-Initiative waren zum Teil bereits gelebte Praxis – und dies durchaus mit dem Wissen der Bischöfe. *„Das heißt, es gibt diesen Umgang der Autorität mit dem Gewissen des Einzelnen, indem sie sagt: ‚Wenn ihr nicht darüber redet, könnt ihr eh machen, was euch richtig erscheint.'"* Autoritäten tun sich mit dem Wegschauen offensichtlich leichter als mit dem Weghören.

„Menschen, die immer daran denken, was andere von ihnen halten, wären sehr überrascht, wenn sie wüssten, wie wenig die anderen über sie nachdenken."
Bertrand Russel

Selbstwert und Harmoniebedürfnis

Psychogramm der Selbstbewussten und der Selbstunsicheren

Untersuchungen zeigen, dass das Harmoniebedürfnis der Menschen mit dem Selbstwert in Zusammenhang steht. Ganz allgemein kann man sagen, dass das Streben einer Person nach Konformität und Konsistenz umso stärker ist, je weniger Selbstbewusstsein sie hat. Höchste Zeit also, dass wir uns mit dieser wichtigen psychischen Eigenschaft auseinandersetzen. Manche Forscher, wie zum Beispiel Ed und Marissa Diener, betrachten den Selbstwert sogar als Basis der Lebenszufriedenheit. Menschen mit positivem Selbstwert haben eine ganze Reihe von Eigenschaften, die ihnen das Leben erleichtern. Sie gehen mit Zuversicht an Aufgaben heran, schätzen ihre Chancen und Fähigkeiten hoch ein und lassen sich auch durch Rückschläge nicht entmutigen. Niederlagen führen sie eher auf ungünstige äußere Umstände als auf ihr eigenes Verschulden zurück, und das schont ihren Selbstwert. Lob und Anerkennung sind den Selbstbewussten zwar durchaus willkommen, werden aber als selbstverständlich hingenommen. Sie brauchen die Bestätigung durch andere nicht wirklich. Menschen mit hohem Selbstwert tendieren dazu, kritische Äußerungen zu ignorieren, wenn es jedoch darum geht, andere zu kritisieren, sind sie nicht zimperlich. Mit ihrer Meinung halten sie nicht hinter dem Berg, da sie von deren Richtigkeit überzeugt sind und auch dann dazu stehen, wenn andere widersprechen.

Ganz anders präsentieren sich Menschen mit geringem Selbstwert. Sie neigen dazu, an ihren Fähigkeiten zu zweifeln und ihr Licht unter den Scheffel zu stellen. Sie haben die Tendenz, Erfolge glücklichen Umständen zuzuschreiben und Misserfolge auf die eigene Kappe zu nehmen. Dadurch wird ihr Selbstwert bei Misserfolgen stark beschädigt. Sie sind rasch entmutigt und geben leicht auf. Während Selbstbewusste in Herausforderungen die Möglichkeit sehen, sich zu bewähren, gehen Menschen mit geringem Selbstvertrauen solchen Situationen eher aus dem Weg. Kritik von anderen nehmen sie sich sehr zu Herzen, oft zu sehr, und laufen dadurch Gefahr, ihren ohnehin schon angeknacksten Selbstwert noch weiter zu schädigen. Charakteristisch für diese Menschen ist auch, dass ihnen die Anerkennung durch andere überaus wichtig ist.

Und wie ist es um Ihren Selbstwert bestellt?

Wie ist es eigentlich um Ihren Selbstwert bestellt? Wenn Sie Lust zu einem Selbsttest haben, nehmen Sie zu den nebenstehenden Behauptungen Stellung. Diese stammen aus der sogenannten „Rosenberg Self-Esteem Scale", 1965 entwickelt durch den Soziologen Morris Rosenberg. Geben Sie sich bei jedem Statement einen Wert von 3 („Stimme voll und ganz zu") bis 0 („Stimme überhaupt nicht zu"). Sie können den Test auch online (auf http://personality-testing.info/tests/

RSE.php, auf Englisch) durchführen. Dort erhalten Sie eine automatische Auswertung.

1. Ich halte mich für einen wertvollen Menschen, mindestens so wertvoll, wie es andere sind.

   3   2   1   0

2. Ich glaube, dass ich eine Reihe guter Eigenschaften habe.

   3   2   1   0

3. Alles in allem neige ich dazu, mich für eine gescheiterte Existenz zu halten.

   0   1   2   3

4. Ich bin in vielen Dingen so gut wie die meisten anderen Menschen.

   3   2   1   0

5. Ich denke, es gibt nicht viel, worauf ich stolz sein kann.

   0   1   2   3

6. Ich habe eine positive Einstellung zu mir selbst.

   3   2   1   0

7. Im Großen und Ganzen bin ich mit mir selbst zufrieden.

   3   2   1   0

8. Ich wünschte, ich könnte mich selbst mehr respektieren.

   0   1   2   3

9. Manchmal fühle ich mich richtig nutzlos.

   0   1   2   3

10. Manchmal denke ich, dass ich zu nichts tauge.

    0   1   2   3

Auswertung: Addieren Sie die Punktwerte, die Sie bei den Feststellungen 1, 2, 4, 6 und 7 erhalten haben. Zählen Sie dann die umgekehrten Punktwerte (3=0, 2=1, 1=2, 0=3) bei den Feststellungen 3, 5, 8, 9 und 10 dazu. Das Umkehren ist deshalb notwendig, da diese Feststellungen negativ formuliert sind. Vergleichen Sie Ihr Ergebnis mit der untenstehenden

Grafik, die aufgrund einer großen Zahl von Testergebnissen erstellt wurde. Sie sehen an dieser Darstellung auch, dass die Verteilung nach rechts verschoben ist. Das bedeutet, dass die Getesteten die Tendenz haben, ihren Selbstwert eher höher einzuschätzen.

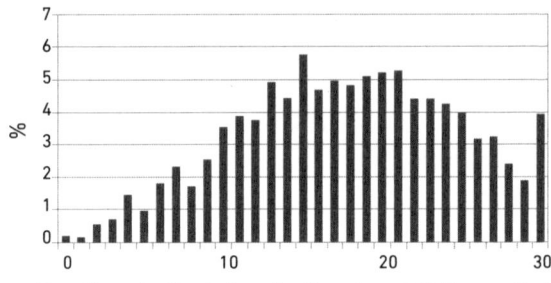

Verteilung der Ergebnisse der Rosenberg Self-Esteem Scale

Das rechte Maß an Selbstwert

Das Selbstwertgefühl ist mehr als eine Eigenschaft der Psyche, es ist so etwas wie ein Moderator, der Vorzüge ins rechte Licht rückt, diese überzeichnet oder im Schatten verkümmern lässt. Was nützen die besten persönlichen Voraussetzungen, wenn man sich ständig unter Wert verkauft oder aber aus übersteigertem Selbstbewusstsein Aufgaben übernimmt, die eine Nummer zu groß sind? Ein Pianist mag noch so viel Talent haben: Wenn er sich nicht zutraut, seine Künste vor Publikum zu zeigen, ist es vergeudet. Und eine übergroße Portion Selbstvertrauen mag zwar einem Projekt zu einem hoffnungsvollen Start verhelfen, führt aber häufig zu einem grandiosen Scheitern und zu einer Vergeudung von Ressourcen, die man besser für ein bescheideneres Ziel eingesetzt hätte. Die Formel lautet also nicht: Je mehr Selbstwert, desto besser; es kommt vielmehr auf das rechte Maß an. Ab einer optimalen Ausprägung des Selbstwerts führt eine weitere Steigerung zum Kippen der positiven Effekte. Aus der optimistischen Einschätzung der eigenen Chancen werden Übermut und Selbstüberforderung. Aus der Tendenz zur Übernahme von Verantwortung werden gefährliche Alleingänge. Aus der Unabhängigkeit von Anerkennung durch andere und der Immunität gegen Kritik wird Arroganz und rücksichtsloses „Drüberfahren" über die Meinungen und Bedürfnisse anderer. Aus der Beharrlichkeit und dem Wegstecken von Rückschlägen wird stures Festhalten an aussichtslosen Zielen.

Alltagsnarzissten

Man kann eben auch zu viel Selbstwert haben und sich damit einem Persönlichkeitsbild nähern, das in der Psychologie als Narzissmus bezeichnet wird. Narzissten sind Menschen, die von ihrer Großartigkeit überzeugt sind, nach Bewunderung geradezu gieren und wenig Einfühlungsvermögen in andere Menschen besitzen. Ihr Selbstwert ist nicht stabil, sondern verlangt nach ständiger Bestätigung. Eine echte narzisstische Störung ist relativ selten und nur bei weniger als einem Prozent der Bevölkerung anzutreffen, allerdings sind „Alltagsnarzissten" auf dem Vormarsch. Die deutsche Psychologin Astrid Schütz versteht darunter eine „Variante hoher Selbstwertschätzung, die mit einem Gefühl der Überlegenheit und dem Wunsch nach Bewunderung, aber auch mit Verletzlichkeit und sozial unverträglichen Verhaltensweisen verknüpft ist" (Schütz 2005, S. 103). Kein Wunder, dass manche Forscher Eltern eindringlich davor warnen, den Selbstwert ihrer Kinder zu heben, indem sie alles, was diese tun, „toll" finden und glauben, sie dadurch fitter für den „Lebenskampf" zu machen. Doch damit züchten sie genau solche Alltagsnarzissten mit ihren zwar oft erfolgreichen, aber rücksichtslosen und risikofreudigen Strategien heran.

Der amerikanische Highschool-Lehrer David McCullough stemmte sich in einer Rede vor Absolventen mit dem Slogan „Ihr seid nichts Besonderes" gegen diesen Hype und wurde über Nacht zum YouTube-Star. Kurz darauf erschien sein Buch mit dem gleichnamigen Titel. Er wendet sich darin gegen den Förderwahn der Eltern und ihr „engstirniges Erfolgs-Konzept". Dem pflichte ich bei, doch den Slogan halte ich für falsch, denn tatsächlich ist jeder Mensch etwas Besonderes. Nachsatz: Doch die anderen Menschen sind es auch und wollen als solche respektiert werden. Und genau daran mangelt es den Alltagsnarzissten.

Weniger ist manchmal mehr

Es ist also nicht alles Gold, was bei den Selbstsicheren glänzt und auch nicht alles Blech, was bei den Selbstunsicheren matt erscheint. Man muss bei Letzteren unterscheiden zwischen solchen Individuen, deren Selbstwert nur wenig unter dem Mittelwert liegt und solchen, die einen gravierenden Mangel aufweisen und in der Verteilungskurve (siehe Abbildung S. 148) ganz links liegen. Manche der Eigenschaften, die man selbstunsicheren Personen zuschreibt, können durchaus positive Wirkungen haben, solange sie nicht extrem ausgeprägt sind und die Betroffenen in ihrer Lebenszufriedenheit beeinträchtigen. Selbstkritik und leise Zweifel am Gelingen eines Projekts können helfen, eine Situation realistisch einzuschätzen, können davon abhalten, zu hohe Risiken einzugehen und können motivieren, sich mehr zu bemühen. Erst wenn man zu selbstkritisch ist, kann das dazu führen, dass man sich überhaupt nichts zutraut und jeder Anforderung aus dem Weg geht. Ratschläge und Kritik von anderen anzunehmen kann ein wichtiges Korrektiv für das eigene Handeln sein. Problematisch wird es allerdings, wenn man die Beurteilung von Situationen und die Entscheidungen aus der Hand gibt. Das Streben nach Anerkennung ist ein zutiefst menschliches Bedürfnis. Es drückt die Verbundenheit mit den Mitmenschen aus. Kritisch wird es, wenn man bereit ist, die eigenen Wertvorstellungen, Urteile und Meinungen dafür zu opfern. Bei Misserfolgen resignieren Selbstunsichere manchmal zu früh, das kann sie allerdings auch davor schützen, an aussichtslosen Unterfangen festzuhalten.

Für wissenschaftliche Studien mag es sinnvoll sein, einfach zwischen Menschen mit überdurchschnittlichem und unterdurchschnittlichem Selbstwert zu differenzieren. Für praktische Anwendungen erschiene es mir eher angebracht, drei Bereiche zu unterscheiden: einen großen mittleren Bereich von Personen mit ausreichendem bis gutem Selbstwert, einen von Individuen mit überhöhtem und einen von Menschen mit erheblich verringertem Selbstwert. Es wäre kontraproduktiv, einen ohnehin schon sehr hohen Selbstwert noch weiter aufzublasen. Das würde nur dazu führen, dass aus selbstbewussten Menschen abgehobene werden. Gerade Erfolgsverwöhnte sind diesbezüglich gefährdet, da sie meist von bedingungslosen Bewunderern und Jasagern umgeben sind. Mit einem etwas unterdurchschnittlichen Selbstbewusstsein lässt es sich ganz gut leben. Das sind eben eher vorsichtige, selbstkritische Menschen, die Verantwortung für Misserfolge übernehmen und bei Erfolgen nicht gleich abheben. Sie bemühen sich um soziale Integration und sind gute Teamplayer. Das ist doch nichts Schlechtes.

Stärkung des Selbstwerts

Wenn allerdings unter einem geringen Selbstvertrauen die Lebensqualität leidet, ist es durchaus sinnvoll, etwas für dessen Stärkung zu tun. Doch das ist für erwachsene Menschen nicht ganz einfach, denn für den Aufbau eines gesunden Selbstwerts sind die Erfahrungen in den ersten vier Lebensjahren prägend. Das Geheimnis liegt darin, das kleine Wesen nicht deshalb zu lieben, weil es sich so oder so verhält, sondern einfach, weil es da ist. Es verliert die Zuneigung nicht, wenn es unfolgsam ist oder etwas „Schlimmes" tut. Diese Liebe, die an keine Bedingungen geknüpft ist und die man von der Mutter oder einer anderen Bezugsperson erhält, bildet den Grundstock des Selbstwerts. Doch selbst dann, wenn man diese frühkindlichen Erfahrungen entbehren musste, ist noch nicht alles verloren. Man kann auch später noch etwas tun, um einen Mangel an Selbstbewusstsein auszugleichen.

Wer bestimmt eigentlich den Selbstwert? Wir selbst natürlich. Hätten wir dann nicht alle Freiheit, uns so zu bewerten, wie wir das möchten? Theoretisch ja. Praktisch machen wir hingegen unseren Selbstwert von Erfolgen und von der Anerkennung durch unsere Mitmenschen abhängig. Er ist also meist außenbestimmt. Und damit beginnen die Probleme.

Schauen wir uns zunächst die Sache mit den Erfolgserlebnissen an. Hier besteht die paradoxe Situation, dass die beste Voraussetzung für Erfolge ein gut entwickelter Selbstwert ist. Doch wenn man diesen nicht hat, ist es sehr schwer, an Erfolge heranzukommen. Gerade Menschen, die wenig Selbstbewusstsein haben und dringend Erfolge bräuchten, um eben diesen Selbstwert aufzubauen, bleiben solche oft verwehrt, da sie bereits mit Selbstzweifeln an die Sache herangehen. Gelingt ihnen doch etwas, führen sie das – wie erwähnt – eher auf günstige Umstände als auf die eigene Leistung zurück und gewinnen auf diese Weise nichts für ihr Selbstbewusstsein. Andererseits hinterlassen bei ihnen Niederlagen wesentlich tiefere Spuren als bei selbstbewussten Menschen. Und noch etwas: Die Wirkung der Droge Erfolg hält meist nur kurz an, wenig später melden sich wieder die alten Zweifel. Oder die Latte wird, wenn etwas gelungen ist, höher gelegt. Wird das Streben nach Erhöhung des Selbstwerts zu einer Jagd nach Erfolgen, ist nichts gewonnen. Das Leben ist auch im günstigsten Fall keine Aneinanderreihung von Siegen, es kommt vielmehr darauf an, auch mit Niederlagen umgehen zu können.

Und wie sieht es mit der Anerkennung durch die soziale Umgebung aus? Menschen, die ihren Selbstwert über diese Schiene aufbauen wollen, sind arm dran. Sie müssen „Everybodys Darling" spielen und brav das meinen und tun, was die anderen schätzen. Dadurch steigt möglicherweise in dieser Gruppe ihr Wert, doch sie laufen Gefahr, ihr Selbst zu verlieren.

Wie kann man also einen zu schwachen Selbstwert aufbauen? Jedenfalls nicht dadurch, dass man Erfolgen nachrennt. Besser wäre es, sich zu akzeptieren, wie man ist und sich auch bei Niederlagen wertvoll zu fühlen: „Ich mag mich nicht nur, wenn ich Erfolg habe, sondern weil ich bin, wie ich bin." Und wenn sich Erfolg einstellt, umso besser. Dann sollte man ihn genießen, ohne gleich die Erwartungen höher zu schrauben und nach dem nächsten Erfolgserlebnis zu schielen.

Anerkennung durch andere ist positiv, wenn man sie dafür bekommt, dass man ist, wie man ist und nicht dafür, dass man sich verhält, wie die anderen es erwarten. Sich vom Lob der anderen zumindest teilweise unabhängig zu machen ist eines der Geheimnisse der Selbstbewussten, doch genau das stellt für Selbstunsichere einen besonders schwierigen Schritt dar. Es gibt aber eine andere Instanz, die positive Rückmeldungen geben kann, wenn Ihnen etwas gelungen ist, und zwar Sie selbst. Man kann sich auch selbst loben und belohnen und ist dabei nicht unbedingt auf die anderen angewiesen. Seien Sie nicht zu streng mit sich. Gerade Menschen mit geringem Selbstbewusstsein neigen dazu, übertrieben selbstkritisch zu sein und Erfolge eher kleinzureden. Gehen Sie liebevoll mit sich um – und dies gerade dann, wenn Ihnen etwas nicht nach Wunsch geglückt ist. Doch versuchen Sie nicht, sich selbst aufzumuntern mit Affirmationen wie: „Ich bin super, ich bin toll", denn das hält Ihrer Selbstkritik vermutlich nicht stand. Wie Untersuchungen zeigen, weisen selbstunsichere Menschen häufig Lob und Komplimente zurück, weil diese von ihrem Selbstbild zu weit entfernt sind. Sie fühlen sich dadurch möglicherweise nicht ernst genommen oder gar verhöhnt. Sagen Sie also lieber: „Ich mag mich so, wie ich bin" und „Ich darf auch Fehler machen und Schwächen zeigen".

„Eine Person mit geringer Selbstachtung neigt dazu, das Positive herauszufiltern und sich nur auf das Negative zu konzentrieren", merkt Matthew McKay, Professor am Wright Institute in Berkeley, in einem Interview an und hat einen Tipp für Menschen mit einem übertrieben strengen inneren Kritiker parat. Er rät, sich mit diesem nicht zu identifizieren, sondern auf Distanz zu gehen und ihm einen Namen zu geben, um damit auszudrücken, dass man Macht über ihn hat und nicht von ihm beherrscht wird. Ein Dialog könnte so ablaufen: „Da bist du wieder, Nörgi, mein ewiger Nörgler. Selbstverständlich hättest du alles anders und viel besser gemacht. Doch ich habe es so entschieden, und damit basta. Du kannst nur nörgeln, ich aber kann entscheiden, und dabei passieren eben manchmal Fehler."

Ein probates Mittel für die Schädigung des Selbstbewusstseins sind auch falsche Vergleiche. Egal, auf welchem Level man sich befindet, es gibt immer die Besseren, Attraktiveren, Gebildeteren, Erfolgreicheren. Vergleiche mit diesen Menschen bringen nichts, außer einer Schramme für den Selbstwert. Ein Vergleich mit jemandem, der eine Sache nur ein wenig besser beherrscht als man selbst, kann jedoch durchaus motivierend wirken.

Es mag im ersten Moment sarkastisch klingen, wenn der amerikanische Sozialpsychologe Roy Baumeister empfiehlt, sich um den Selbstwert nicht zu kümmern. Doch es ist wie mit dem Glück. Wenn man ihm nachrennt, ist das zunächst einmal ein Beweis dafür, dass man es nicht hat. Und das kann eine Abwärtsspirale negativer Gedanken bis hin zu einer Depression auslösen. Baumeister regt stattdessen an, mit Disziplin und Selbstkontrolle selbstdestruktive Vorstellungen zu stoppen. Selbstunsicheren muss man nicht unbedingt empfehlen, ihren Selbstwert zu stärken. Fürs Erste würde es schon genügen, wenn sie damit aufhörten, sich immer wieder selbst zu desavouieren.

Selbstbewusste brauchen weniger Harmonie

Ein wesentlicher Unterschied zwischen Menschen mit hohem und niedrigem Selbstwert liegt in ihrem Sozialverhalten. Selbstbewusste Personen sind weniger auf Anerkennung und Zustimmung von anderen angewiesen. Dadurch sind sie resistenter gegen Beeinflussung. Es fällt ihnen leichter, zu ihrer Meinung zu stehen, auch wenn sie damit auf Widerspruch stoßen. In einem solchen Fall nehmen sie eher an, die anderen hätten sich geirrt – und bleiben bei ihrer Sicht der Dinge. Dadurch sind sie in der Lage, dem Konformitätsdruck zu widerstehen. Selbstunsichere Menschen suchen hingegen die Harmonie mit den anderen, streben nach sozialer Anerkennung und sind bereit, dafür die eigenen Werte und Ansichten zu opfern. Menschen mit hoher Selbstwertschätzung gestehen sich selbst Ecken und Kanten zu. Von ihnen kann man auch erwarten, dass sie Freundschaften mit Personen pflegen, auch wenn diese andere Werte und Überzeugungen haben als sie selbst. Selbstbewusste Menschen finden auch nichts dabei, ihre Meinung zu ändern (Sie erinnern sich: „Was gebe ich auf mein Geschwätz von gestern?"). Es ist ihnen jedoch die Feststellung wichtig, dass dieser Wandel nicht auf Druck von außen erfolgte, sondern aufgrund eigener Einsicht. Sie zeigen sich nach getroffenen Entscheidungen auch zufriedener, stehen dazu und verfallen nicht in Grübelei und Zweifel. Bei Menschen mit wenig Selbstvertrauen bleibt das erlösende „Klick" häufig aus und sie tendieren zu der Meinung: „Egal, welche Entscheidung ich treffe, sie ist in jedem Fall falsch."

Sind Frauen harmoniebedürftiger als Männer?

Unsere Alltagserfahrung sagt ja und lässt das Bild von Frauen erstehen, die Konflikte vermeiden, lieber schweigen als zu widersprechen und eher schlichtend und ausgleichend wirken als polarisierend. Dieser Eindruck deckt sich auch mit den Ergebnissen der Konformitätsforschung. Diese zeigen, dass Frauen dem Druck der Mehrheitsmeinung häufiger nachgeben als Männer.

Da ein Zusammenhang zwischen Selbstwert und Harmoniestreben nachgewiesen wurde, könnte man nun auf die Idee kommen, dass Frauen deshalb harmoniebedürftiger sind, weil ihr Selbstbewusstsein weniger stark ausgeprägt ist. Forscherinnen von der University of Wisconsin (K. C. Kling et al., 1999) fanden in einer groß angelegten Metastudie allerdings nur einen geringen Unterschied im globalen Selbstwert zwischen den Geschlechtern. Dieser globale Selbstwert gibt an, wie zufrieden eine Person alles in allem mit sich ist. Bedeutungsvoller als diese Mini-Differenz ist wohl, dass Frauen und Männer ihr Selbstbewusstsein aus sehr unterschiedlichen Quellen nähren. Männer tun es durch sozialen Vergleich. Sie wollen besser sein als andere und stellen sich auch gerne dem Wettbewerb. Sie beziehen ihren Selbstwert aus Fähigkeiten, die sie als Einzelkämpfer auszeichnen. Frauen gründen ihr Selbstbewusstsein hingegen auf soziale Anerkennung und Eingebundensein in die Gemeinschaft. Dafür opfert frau schon einmal die eigene Meinung und erntet dafür Beliebtheit. Auf soziale Zurückweisung reagieren Frauen sehr empfindlich, Männer nehmen das viel gelassener. Daher fällt es ihnen auch leichter, unter sozialem Druck zu ihrer Meinung zu stehen und anderen zu widersprechen. Das soll nun nicht heißen, dass Männer generell die Helden der Selbstbehauptung seien und Frauen grundsätzlich klein beigeben. Es werden damit lediglich Tendenzen aufgezeigt.

Die Tatsache, dass sich Frauen häufig harmonisierend verhalten, bedeutet nicht, dass sie auch harmoniebedürftiger sind als Männer. Es spricht einiges dafür, dass sie deshalb zu ausgleichendem und defensivem Verhalten neigen, weil dies dem traditionellen Rollenbild entspricht. Wenn Frauen Konflikte ansprechen, ihren Standpunkt verteidigen und dafür auch ein Zerwürfnis in Kauf nehmen, geraten sie in Gefahr, buchstäblich aus der Rolle zu fallen. Was bei Männern dazu beiträgt, ihre Männlichkeit zu unterstreichen, ist bei Frauen noch lange nicht akzeptiert. Im Gegenteil: Zeigen Frauen Verhaltensweisen, mit denen Männer sich selbstbestimmt und grundsatztreu geben können, gelten sie rasch als rechthaberisch und unflexibel.

Das Stereotyp „Frauen sind harmoniebedürftiger als Männer" wird von beiden Seiten gefestigt, von Männern, indem sie dieses Verhalten erwarten und von weiblichen Individuen, indem sie den – vermuteten – Erwartungen entsprechen. Diese Zuschreibung ist nicht ganz harmlos, denn sie schwächt die Position der Frauen. Wenn zum Beispiel der Partner damit rechnen kann, dass „sie schon wieder einlenken" wird, hat er bei Auseinandersetzungen einen zusätzlichen Trumpf in der Hand. Und der Vorgesetzte hat leichtes Spiel, wenn er mit dem Hinweis: „Die anderen sind aber nicht Ihrer Ansicht" ein Ausscheren aus der Mehrheitsmeinung leicht verhindern kann.

Zusammenfassend könnte man daher sagen, dass Frauen nicht harmoniebedürftiger sind als Männer, dass sie sich jedoch häufig harmonisierend verhalten, weil das aufgrund des tradierten Rollenbilds von ihnen erwartet wird. Doch dieses ist nicht „gottgegeben", sondern das Ergebnis gesellschaftlicher Übereinkünfte, die verändert werden können. Harmoniebedürfnis ist weder weiblich noch männlich, sondern eine individuelle Eigenschaft.

„Das Ei hält sich ein Huhn zur Selbstvermehrung."
Jens Asendorpf

Anweisungen aus der Vergangenheit

Für die Vergangenheit gerüstet

Woher kommen eigentlich diese vorprogrammierten Verhaltensstrategien, die Tendenz zur Konsistenz und zur Konformität? Es spricht vieles dafür, dass wir, zumindest die meisten von uns, schon mit dieser genetischen Ausstattung auf die Welt kommen. Aber das erklärt noch nichts. Die Frage muss vielmehr lauten: Wenn dem so ist, wie sind diese Strategien dann in unsere Gehirne gekommen? Immer, wenn zumindest die Mehrzahl einer Gattung ein bestimmtes Merkmal aufweist, liegt die Vermutung nahe, dass sich dieses im Lauf der Evolution bewährt hat und deshalb selektiert wurde. Bewährt bedeutet, dass Individuen, die dieses Merkmal aufweisen, höhere Fortpflanzungschancen vorfinden, als solche, die es nicht haben.

Natürlich kann man den Genen keine Absicht unterstellen, doch es sieht von außen betrachtet so aus, als würden sie alles daransetzen, weiter zu bestehen, indem sie möglichst oft kopiert werden. Der englische Zoologe und Evolutionsbiologe Richard Dawkins schildert in seinem Bestseller „Das egoistische Gen" sehr anschaulich, dass sich die Gene, um ihr Ziel zu erreichen, Überlebensmaschinen wie Pflanzen, Tiere und Menschen schaffen. In Anlehnung an den Sozialpsychologen

Jens Asendorpf könnte man es salopp auch so formulieren: „Das Ei hält sich ein Huhn zur Selbstvermehrung." Um die Chancen im Kampf um Ressourcen und Fortpflanzungspartner zu erhöhen, müssen die Lebewesen mit entsprechenden Eigenschaften ausgestattet sein. Doch das allein genügt nicht. Sie benötigen auch Verhaltensstrategien, die sie fit für den Lebenskampf machen. Dazu Richard Dawkins: „Die natürliche Auslese begünstigt Gene, die ihre Überlebensmaschinen so steuern, dass sie den besten Nutzen aus ihrer Umwelt ziehen. Dies schließt die bestmögliche Nutzung anderer Überlebensmaschinen ein, ob diese nun der eigenen oder einer fremden Art angehören." (Dawkins, S. 121)

Evolutionär Stabile Strategien

John Maynard Smith, ein britischer Biologe und Spieltheoretiker, führte den Begriff der „Evolutionär Stabilen Strategie" (ESS) in die Wissenschaft ein. Er versteht darunter eine vorprogrammierte Verhaltenstaktik, die, wenn die Mehrzahl einer Population sich diese zu eigen macht, von keiner anderen Strategie übertroffen werden kann. Das bedeutet: Auch die Verhaltensstrategien führen untereinander einen Überlebenskampf und es setzt sich schließlich diejenige durch, deren Anwender die besten Fortpflanzungschancen haben. Man darf sich jedoch nicht vorstellen, dass eine solche ESS bewusst ausgearbeitet und angewandt würde, sie läuft vielmehr automatisch ab. Es erscheint nur von außen betrachtet so, als bekämen die Individuen einen Auftrag oder als würden sie sich intelligent verhalten.

Ein Beispiel aus dem Tierreich für eine solche Strategie ist das Verhalten der Zugvögel. Nehmen wir an, ihr Programm bestünde darin, immer im Herbst in den Süden zu fliegen.

Nehmen wir weiter an, einzelne Vögel derselben Art würden es in milden Wintern vorziehen, in Europa zu bleiben. Diese hätten einen evolutionären Vorteil gegenüber ihren Artgenossen, denn sie würden sich die Strapazen der „Reise" ersparen und könnten sich im Frühjahr schon an den hiesigen Futterquellen laben, während die anderen noch unterwegs sind. Und sie könnten die so gewonnene Energie zur besseren Versorgung der Jungen nützen. Würden sie aber stur, ohne Rücksicht auf die herrschenden Temperaturen, hierbleiben, hätten sie schlechte Karten. Dann liefen sie Gefahr, einen strengen Winter nicht zu überleben – und vorbei wäre es mit dem Vorteil. Beide Strategien haben also nicht das Zeug zu einer ESS.

In dieser Situation, in der es keine beste Vorgangsweise gibt und einmal diese, einmal jene erfolgreich ist, funktioniert eine gemischte Strategie, mit der Vögel in unseren Breiten einerseits frostigen Temperaturen ausweichen und andererseits auf Klimaschwankungen reagieren können. Achtzig Prozent der Vögel in Mitteleuropa sind sogenannte Teilzieher, das heißt, ein Teil der Population sind Zugvögel, die anderen sind Standvögel. Zu welchem Teil ein Exemplar gehört, ist genetisch festgelegt. In strengen Wintern sind die Zugvögel im Vorteil, da ihre daheimgebliebenen Artgenossen teilweise nicht überleben. In milden Wintern sind hingegen die Standvögel besser dran, da sie sich die Gefahren und Strapazen der „Reise" in den Süden sparen und frühzeitig mit der Fortpflanzung und Brutpflege beginnen können. Auf diese Weise ist der Bestand der Population in jedem Fall gesichert, da immer jeweils ein Teil günstige Lebens- und Fortpflanzungsbedingungen vorfindet. Eine derartige Vorgangsweise, bei der ein Teil der Population „absichtlich" einer tödlichen Gefahr ausgesetzt wird, kann sich auch nur die Natur leisten – vor dem Gerichtshof für Menschenrechte hätte sie keine Chance.

Das Konzept der Evolutionär Stabilen Strategie lässt sich perfekt auf die automatischen Harmonisierungsprogramme des Menschen anwenden. Betrachten wir zunächst die Tendenz zur Konsistenz, das heißt, zum Bestreben, hinsichtlich der Einstellungen, Meinungen und Verhaltensweisen möglichst widerspruchsfrei und stabil zu sein. Sollte sich Konsistenz evolutionär durchsetzen, müsste sie dem Einzelwesen Vorteile im Hinblick auf seine Fortpflanzungschancen bringen. Um diese abschätzen zu können, schauen wir uns nochmals die Wirkungen der Tendenz zu innerer Stimmigkeit an: Festhalten an Meinungen, auch wenn Erfahrungen dagegen sprechen, Abrufen des gleichen Verhaltens in Situationen, die bestenfalls ähnlich sind, Anpassung der Erinnerung an gegenwärtige Ansichten, Harmonisieren von widersprüchlichen Kognitionen, selektive Wahrnehmung zur Bestätigung bestehender Einstellungen und so weiter. All diese Prozesse stärken die innere Balance und sind gleichzeitig Vereinfachungsprogramme, die es dem Menschen ermöglichen, sich in einer komplexen Welt mit geringem Aufwand zurechtzufinden. Sie ersparen es uns, eine ungeheure Flut von Informationen aufnehmen und bewerten zu müssen, um zu einer adäquaten Beurteilung einer Person, eines Erlebens oder einer Situation zu kommen. Stattdessen wird Neues nach dem Prinzip: „Kenne ich schon, weiß ich schon" eingeordnet und abgehakt. Dabei passieren sicherlich auch Fehler, doch man erspart sich eine Menge Arbeit, die möglicherweise letztlich zum selben Ergebnis führen würde. Man könnte sagen: Wir behandeln die neue Welt so, als wäre es die alte und den neuen Tag, als wäre es der gestrige und nehmen damit verbundene Fehleinschätzungen in Kauf, da diese Strategie „billiger" ist, also weniger Aufwand erfordert, als ständig alles neu zu beurteilen. Die Voraussage des Wetters für den folgenden Tag erfordert unglaublich aufwendige Messungen und Berechnungen; dennoch sind die Prognosen mit Fehlern behaftet. Würde man sich die Sache einfach machen und sagen: „Morgen ist das gleiche Wetter wie heute", hätte man ohne die geringste Anstrengung eine relativ hohe Trefferquote. Allerdings bestünde mit diesem Vorgehen keine Chance, die Prognosen jemals zu verbessern.

Die Tendenz zur Konsistenz bietet eine ganze Palette von Vorteilen, die uns helfen, unsere Identität zu wahren und Ordnung in das Bild zu bringen, das wir uns von der Welt machen. Aber reichen diese Effekte für eine evolutionäre Bevorzugung dieser Strategie aus? Es funktioniert meines Erachtens sozusagen „um die Ecke herum". Das Einzelwesen ist nicht primär daran interessiert, selbst konsistent zu sein, sondern daran, dass die anderen es sind. Dann ist deren Verhalten prognostizierbar, und das macht den Umgang mit ihnen erst möglich. Es ist also nicht unbedingt mein Wunsch, konsistent zu sein, sondern der meiner sozialen Umgebung. Und auch ich möchte konsistente Mitmenschen. Für das Einzelwesen könnte es durchaus Charme haben, spontan und überraschend in seinen Einstellungen und Verhaltensweisen zu sein. Glückliche Kleinkinder leben es uns vor, zumindest so lange, bis sie zu konsistenten Mitmenschen erzogen worden sind. Sie leben ihre Spontaneität aus, brauchen aber Bezugspersonen, die verlässlich und berechenbar sind.

Für die evolutionäre Auslese des Strebens nach Konsistenz könnte ich mir zwei Szenarien vorstellen:

- Szenario 1: Frauen haben einen sehr starken Einfluss darauf, welche Art von Männern die besseren Fortpflanzungschancen hat, denn schließlich sind sie es, die die Partner auswählen. Und sie müssen dabei sehr sorgsam vorgehen, denn ihr Investment in den Nachwuchs ist größer als das des Mannes. Ihr Worst Case besteht darin, mit dem Kind alleingelassen zu werden. Um diesen Fall möglichst auszuschalten, ist es für sie wichtig, sich einen Kindesvater zu suchen, der verlässlich ist, dessen Wort gilt, der bei seinen Ansichten und Versprechungen bleibt, kurz: der konsistent ist. Wenn Frauen mehrheitlich nach diesem Schema vorgehen, setzen sich konsistente Männer in der Evolution durch.

- Szenario 2: Wenn Konsistenz ein gesellschaftlich erwünschtes Merkmal ist, haben Männer, die sich entsprechend verhalten, ein höheres soziales Ranking. Und dieses beeinflusst die Fortpflanzungschancen, denn höherer sozialer Status bedeutet erleichterten Zugang zu Ressourcen und bessere Aussichten, als Geschlechtspartner ausgewählt zu werden.

- Theoretisch wäre auch noch ein drittes Szenario denkbar, mit dem die Szenarien 1 und 2 und damit die evolutionäre Bevorzugung konsistenter Männer unterlaufen würden. Frauen könnten zwar einen verlässlichen Ehemann für die Versorgung des Nachwuchses auswählen, für die Fortpflanzung jedoch „externe Ressourcen" heranziehen. Die Rede ist von sogenannten Kuckuckskindern, die einer solchen Strategie ihr Leben verdanken. Auf diese Weise könnten unverlässliche, inkonsistente Männer ihre Gene weitergeben, auch wenn sie als Lebenspartner nicht geschätzt werden. Allerdings ist dieser Einfluss, wenn man der Statistik glauben darf, doch sehr begrenzt. Laut Focus Online (www.focus.de/politik/deutschland/deutschland_aid_124559.html) geht eine britische Studie aus dem Jahr 2005 für Europa von einer Kuckuckskinder-Quote von 3,7 Prozent aus.

Ist es eigentlich eine gute Strategie, sich so zu verhalten, als wären die Mitmenschen hinsichtlich ihrer Einstellungen und Verhaltensweisen konsistent? Das hängt davon ab, ob das zumindest auf die Mehrzahl der Menschen zutrifft. In einer Welt, in der zwischen Einstellungen und Verhalten einer Person kein Zusammenhang besteht, wäre die Konsistenzannahme eine erfolglose Strategie, denn die Prognosen wären größtenteils falsch. Würde man hingegen in einer Welt mehrheitlich konsistenter Menschen annehmen, es bestünde kein Zusammenhang zwischen Einstellungen und Verhalten, dürfte man keiner Aussage vertrauen und hätte einen enormen Kontrollbedarf. In unserer Gesellschaft scheint es eine gute Strategie zu sein, sich so zu verhalten, als wären die Menschen konsistent, auch wenn man sich gelegentlich täuscht. Um diesen Zustand aufrechtzuerhalten, werden in sich stimmige Menschen gesellschaftlich belohnt und als ehrlich und geradlinig geschätzt, widersprüchliche Zeitgenossen hingegen als unverlässlich abgewertet. Die Erziehung ist meist darauf ausgerichtet, glatte, stimmige Persönlichkeiten mit vorhersehbaren Verhaltensweisen zu „produzieren". Berechenbarkeit ist eben Trumpf.

Wie verträgt sich diese Ansicht mit der Tatsache, dass manche Zeitgenossen mit Lug und Trug ganz gut auf Kosten anderer leben? Ist das vielleicht doch die bessere Strategie? Würde diese Art von Mitbürgern immer häufiger auftreten, hätte das Auswirkungen auf die Ehrlichen. Sie wären dann nicht mehr so vertrauensselig und würden sich durch mehr Kontrollaufwand besser vor Missbrauch schützen – und die Chancen der Betrüger würden so verringert. „Ist zu viel Falschgeld im Umlauf, bricht die Kaufkraft der Währung zusammen, da niemand mehr die echten Goldstücke nehmen wird", beschreibt der Anthropologe Volker Sommer vom University College in London (S. 52) diese Situation. Man kann also nach dieser

Theorie davon ausgehen, dass Betrüger in einer Population zwar immer vorhanden sein werden, dass sie aber als Trittbrettfahrer der Gesellschaft über einen bestimmten Anteil an der Population nicht hinauskommen können.

Wie viel Konformität brauchen wir?

Wenden wir uns nun der Tendenz zur Konformität zu, also der Neigung, sich Autoritäten und sozialem Druck unterzuordnen. Konformes Verhalten wird in allen Gesellschaften belohnt, zumindest kenne ich keine, in der das nicht der Fall wäre. Das brave Kind bildet die Vorlage für die elterliche und schulische Erziehung. Angepasste Mitarbeiter ernten die Anerkennung und Förderung durch die Vorgesetzten. Aufmüpfige Belegschaftsmitglieder mit abweichenden Meinungen und Verhaltensweisen sind weder in der Chefetage noch bei den Kollegen beliebt. Man profitiert auch unmittelbar von konformem Verhalten. Indem man sich an Autoritäten und am Gruppenkonsens orientiert, erspart man sich aufwendige Analysen und Beurteilungen und genießt darüber hinaus den Schutz einer übergeordneten Macht oder der Mehrheit der Gruppenmitglieder.

Es gibt eine weitere Begründung dafür, dass Konformität selektiert wurde, die vom Psychologen und Konrad-Lorenz-Schüler Norbert Bischof vertreten wird. Durch den Gruppenzwang zur Anpassung können solche Lebewesen leicht identifiziert werden, die nicht in der Lage sind, das Verhalten der Mehrheit zu imitieren. Wenn sich alle gleich verhalten, fallen Abweichler ganz schnell auf. Dadurch kann solchen Exemplaren, die möglicherweise eine Schädigung des Erbguts aufweisen, der Zugang zu Ressourcen und Geschlechtspartnern verwehrt werden. Konformität ist somit, wie Norbert Bischof es ausdrückt, eine Kontrolle zur Vermeidung von „abweichenden Mutanten". Das erinnert an die Strategien totalitärer Staaten. Diese üben einen Zwang zur Konformität aus und können auf diese Weise solche Individuen leicht identifizieren, die ein gewünschtes Verhalten, wie zum Beispiel einen bestimmten Bekleidungsstil, spezielle Grußformen und so weiter nicht imitieren können oder wollen.

Mit unserem heutigen Stand der medizinischen und psychologischen Diagnose- und Therapietechniken würden wir einen solchen biologischen Kontrollmechanismus, wie ihn der Druck zur Konformität darstellt, nicht benötigen. Wir haben andere Möglichkeiten, gesundheitliche Abweichungen zu erkennen, die möglicherweise genetischen Ursprungs sind und – was noch wichtiger ist – wir können heute psychische Störungen und körperliche Behinderungen behandeln und die davon betroffenen Menschen in die Gesellschaft integrieren. Doch die Tendenz zur Konformität ist nun einmal in unsere Gehirne eingebaut und hat unseren tierischen und menschlichen Vorfahren vermutlich gute Dienste geleistet. Dass sie heute diese Funktion verloren hat, bedeutet noch lange nicht, dass sie verschwunden wäre. Dazu nochmals Norbert Bischof: „Nichts könnte indessen irriger sein, als aus diesem Tatbestand (dem Funktionsverlust, Anm.) die Konsequenz abzuleiten, die archaische Motivausstattung hätte deshalb auch ihre Wirksamkeit eingebüßt" (Bischof, S. 575). Die rasche kulturelle Evolution überholt eben die langsame biologische, macht sie jedoch deshalb nicht wirkungslos. Anders ausgedrückt: Den Druck zur Konformität könnte man angesichts der Tatsache, dass wir ihn für die natürliche Selektion nicht mehr benötigen, ruhig zurückfahren. Die Gefahr, von „abweichenden Mutanten" überrannt zu werden, scheint aufgrund des wissenschaftlichen Fortschritts beherrschbar zu sein. Doch das Wissen darum nimmt uns noch nicht die

Neigung, uns konform zu verhalten und konformes Verhalten von den Mitmenschen zu verlangen.

Wir sind also von der Natur mit einem Kontrollsystem ausgestattet worden, mit dem Lebewesen mit Abweichungen, die möglicherweise auf genetische Schäden hinweisen, identifiziert werden können. Heute schneiden wir uns damit ins eigene Fleisch, weil wir so Individuen ins Abseits stellen, die nicht der Norm entsprechen, aber vielleicht ein Verhalten zeigen, das sich in der Zukunft als erfolgreich erweisen könnte. Was die Gesellschaft für den Fortschritt in wirtschaftlicher, wissenschaftlicher und kultureller Hinsicht braucht, sind Abweichler, Regelbrecher, Andersdenker. Was sie natürlich auch benötigt, sind verlässliche, berechenbare und angepasste Bürger. Jede Gruppe, von der Familie bis zum Staat, muss einen Konsens darüber erzielen, wie viel Anderssein sie bei ihren Mitgliedern akzeptiert, um Antworten auf zukünftige Herausforderungen zu haben und wie viel Anpassung sie verlangt, um in Balance zu bleiben und nicht auseinanderzubrechen.

Kulturell Stabile Strategien

Es gibt auch Verhaltensstrategien, die uns nicht in die Wiege gelegt, sondern erst später, zunächst von Mutter und Vater, dann von der Gesellschaft „aufs Auge gedrückt" werden. So wie das Gen nicht weiß, was auf seine Überlebensmaschine zukommt, wissen auch die Eltern nicht, welche Herausforderungen auf ihr Kind warten. Dennoch geben sie ihm Regeln mit auf den Weg. Und zwar solche, die sich tatsächlich oder angeblich in der Vergangenheit bewährt haben, wie zum Beispiel: „Was Hänschen nicht lernt, lernt Hans nimmermehr", „Ehrlich währt am längsten" oder „Reden ist Silber, Schweigen ist Gold". Es sind dies Handlungsanweisungen, die die Eltern nicht selbst erfunden, sondern von den Vorfahren übernommen haben. Im Grunde werden auf diese Weise uralte Anleitungen weitergegeben, die Teil der Kultur einer Population sind. Richard Dawkins hat dafür den Begriff „Kulturell Stabile Strategien" (KSS) geprägt. Diese werden nicht genetisch, sondern, wie der Name sagt, kulturell von einer Generation an die andere „vererbt". Solche Regeln können nicht immer richtig sein. Dass sie sich bewährt haben, bedeutet nur, dass sie meistens erfolgreich sind und man unter dem Strich gut damit fährt. Im Einzelfall können sie durchaus falsch sein. Schauen wir uns als Beispiel einer solchen Lebensmaxime die Aussage „Was Hänschen nicht lernt, lernt Hans nimmermehr" näher an. Damit sollen junge Menschen dazu motiviert werden, ihre Möglichkeiten zu nützen und mit dem Lernen nicht zuzuwarten, sondern es gleich in Angriff zu nehmen. Eine goldene Regel. Sie kann jedoch dazu führen, dass ältere Menschen entmutigt werden, Neues in Angriff zu nehmen, denn aus dem Hänschen-Alter sind sie längst heraus. Wie hätten unsere Mütter, Groß- und Urgroßmütter auch vorhersehen sollen, dass 1997 nachgewiesen wurde, dass sich bei Mäusen im Hippocampus neue Nervenzellen bilden, wenn sie sich in einer vielfältigen und interessanten Umgebung befinden? Und das soll für unsere Senioren nicht gelten? Neurobiologen geben durchaus Anlass zu Optimismus. Sie wiesen nach, dass auch die Gehirne älterer Semester noch flexibel und zu erstaunlichen neuen Verknüpfungen fähig sind. Als allgemeine Lebensregel taugt die oben zitierte Maxime allemal, denn in jungen Jahren lernt es sich leichter, doch in manchen Fällen ist es vernünftig, sie über Bord zu werfen und auch im fortgeschrittenen Alter noch das Tangotanzen zu erlernen, ein Studium zu beginnen, einen Französisch-Kurs zu belegen oder eine Computerschule zu besuchen. Die neue Regel könnte daher lauten: „Hans braucht, um auch im fortgeschrittenen

Alter noch zu lernen, eine neue, interessante Umgebung." Leider trifft man Hans häufig auf eingeschliffenen Bahnen im gewohnten Ambiente.

Es zahlt sich aus, die gut gemeinten und meistens durchaus sinnvollen Lebensmaximen unserer Eltern darauf abzuklopfen, ob sie für einen selbst, die jeweilige Situation oder überhaupt für die heutige Zeit noch Gültigkeit haben. Ein ehemaliger CEO von Hewlett-Packard berichtete bei einem Vortrag auf dem Europäischen Forum in Alpbach nicht ohne Stolz, dass er die Weisheiten seiner Mutter, wie zum Beispiel: „Rede nur, wenn du gefragt wirst", „Falle nie auf" oder „Schuster, bleib' bei deinen Leisten" missachtet habe und gerade deshalb eine erfolgreiche Karriere durchlaufen konnte. Ganz so einfach ist es nicht, dass man nur den Ratschlägen vergangener Generationen zuwiderhandeln müsste, um Erfolg zu haben. Es stimmt zwar, dass nichts Neues entstehen kann, wenn man immer das Gewohnte wiederholt und die ausgetretenen Pfade geht. Alles Neue ist anders als das Bisherige, doch nicht alles, was anders ist, ist auch ein Fortschritt. Anderssein garantiert dem Einzelnen noch keinen Erfolg, aber viele, die anders sind oder anderes tun, erhöhen die Chance, dass auch das Richtige dabei ist. Wir wissen nicht, wie die Zukunft sein wird, vor welche Herausforderungen sie uns stellen, welche Fähigkeiten und Eigenschaften sie verlangen wird, wir können jedoch davon ausgehen, dass sie anders sein wird. Die Zukunft ist eben keine Fortsetzung der Vergangenheit.

Warum der zitierte Topmanager erfolgreich war? Er hat die Weisheiten seiner Mutter, die für seine Lebenssituation nicht passten, missachtet. Er hat sich zu Wort gemeldet und nicht darauf gewartet, bis er gefragt wurde. Er ist aufgefallen und hat sich damit im Unternehmen profiliert. Doch andere mütterliche Ratschläge, die auf ihn und seine Situation anwendbar waren, hat er sicherlich befolgt. Das Kunststück besteht eben darin, die „richtigen" Regeln zu brechen. Und welche das sind, zeigt uns verlässlich – die Zukunft. Nur kennen wir diese leider nicht.

Neues entsteht meist nicht dadurch, dass alles neu ist, sondern dass Altes mit Neuem gemischt wird. Im Automobil finden wir auch heute noch Teile der alten Pferdekutsche, die man nicht auszuwechseln brauchte. Der Fortschritt besteht meist in einem Mix aus Alt und Neu.

Kulturelle Evolution: Die Meme

Stellen Sie sich vor, Sie würden einem Menschen aus dem Mittelalter, etwa dem berühmten Minnesänger Walther von der Vogelweide begegnen. Sie könnten sich mit ihm nicht unterhalten, es sei denn, Sie verstünden Mittelhochdeutsch. Doch selbst dann hätten Sie kaum Gesprächsstoff, denn seine Lebensumstände haben so gar nichts mit unseren gemein. Die kulturelle Entwicklung, die in den letzten 800 Jahren erfolgte, ist enorm. Die Gehirne der Menschen sind jedoch die gleichen geblieben. Wir haben es also auf der einen Seite mit einer langsam verlaufenden Evolution zu tun, die in Jahrmillionen rechnet – und auf der anderen Seite mit rasanten kulturellen Fortschritten. Die beiden haben eigentlich nichts miteinander zu tun, denn wir kommen kulturlos auf die Welt. Alles, was uns erst zum Menschen macht, Sprache, Benehmen, Wissen, Fertigkeiten und so weiter, müssen wir im Laufe unseres Lebens mühsam erlernen. Und haben wir das endlich geschafft, können wir diese Errungenschaften nicht weitervererben. Sie werden mit uns ausgelöscht. Das schaut nach einer unglaublichen Verschwendung der Natur aus. Und das ist es auch, denn dadurch hat jeder menschliche Neuankömmling einen riesigen Lernaufwand zu leisten. Doch darin liegt auch ein enormer Vorteil: Er kann unbelastet am letzten Stand der kulturellen Entwicklung andocken. Heute werden bereits Kinder mit Wissen konfrontiert, von dem in früheren Generationen nicht einmal die klügsten Köpfe eine Ahnung hatten.

Die genetische Evolution beruht auf dem Prinzip, dass Gene die Eigenschaft haben, ein genaues Abbild von sich selbst herstellen zu können. Durch Kopierfehler entstehen in seltenen Fällen Überlebensmaschinen, die besser an veränderte Umweltbedingungen angepasst sind. Es ist das Verdienst von Richard Dawkins, dieses Modell auf die Entwicklung der Kultur angewandt zu haben. Den Grundbaustein dafür nennt er „Mem", als Gegenstück zum Gen in der Biologie.

Wenn in diesem Zusammenhang von „Kultur" die Rede ist, so sind darunter nicht nur so hehre Werke wie Kathedralen, Symphonien, Opern, Theaterstücke, Romane oder Skulpturen zu verstehen. Moden, markante Aussprüche, Werbeslogans oder die Art, einen Apfelstrudel zuzubereiten, gehören ebenso dazu. Und wie funktioniert die Weitergabe der Meme, sozusagen deren Fortpflanzung? Durch einen Prozess, den Richard Dawkins als Imitation im weitesten Sinn bezeichnet, springen sie von Gehirn zu Gehirn über. Nehmen wir als Beispiel den Titel „Poker Face" von Lady Gaga. Würde niemand diesen Song anhören, wäre er auch kein Mem. Doch davon kann in diesem Fall keine Rede sein. Durch das Hören wurde und wird das Lied in die Gehirne der Empfänger integriert. Der Erfolg eines Mems bemisst sich unter anderem an der Zahl derjenigen, die es rezipieren und in ihr Gehirn aufnehmen. Dazu ist es nicht nur notwendig, dass es von vielen Individuen empfangen wird, diese sollen auch als Multiplikatoren fungieren. Genauso funktionieren die sozialen Netzwerke. Kein Wunder also, dass im Internet Meme sehr rasch zu einem riesigen Hype aufgeblasen werden können. Im Juli 2012 stellte ein südkoreanischer Sänger und Rapper mit dem Künstlernamen „Psy" das Video eines neuen Songs und Tanzes, des „Gangnam Style", auf YouTube ins Netz, das unvorstellbare 2,420.664.170 Mal aufgerufen wurde (Stand 29. 9. 2015). Davon können Wissenschaftler nur träumen. Die Bedeutung ihrer Meme wird daran gemessen, wie oft diese von anderen Autoren zitiert werden, und das ist in der Regel nicht mehr als eine Handvoll.

Es kommt jedoch nicht nur auf die Verbreitung an, auch die Langlebigkeit eines Mems ist von Bedeutung. Ich fürchte, wenn Sie diese Zeilen lesen, wird sich kaum noch jemand an den eigenartigen Gangnam Style erinnern, während dem Tango und dem Walzer noch ein langes Leben beschieden sein wird.

Und wie erfolgt kulturelle Weiterentwicklung? Durch Abweichungen bei der Imitation der Meme. Es ist so ähnlich wie bei Cover-Versionen im Musikbusiness. Man versteht darunter die Neuinterpretation eines Songs durch eine andere Gruppe. Häufig entsteht dabei ein müder Abklatsch des Originals. Manchmal wird jedoch etwas geschaffen, das die ursprüngliche Version vergessen lässt. Joe Cocker coverte 1968 den Song „With a Little Help from My Friends", der ein Jahr zuvor von den Beatles veröffentlicht worden war. Trotz der berühmten Interpreten des Originals ist es die Version von Joe Cocker, die beim Nennen dieses Titels zuerst in den Sinn kommt.

So funktioniert es auch bei wissenschaftlichen Theorien. Wenn zum Beispiel ein durchschnittlich gebildeter Mensch die Evolutionstheorie studiert, wird er in seinem Gehirn ein Abbild davon produzieren, das mehr oder minder deutlich von den Intentionen des Charles Darwin abweicht, eine Verbesserung ist wohl nicht zu erwarten. Richard Dawkins hat hingegen die Thesen Darwins konsequent weitergedacht, sie mit anderen Theorien vermischt und Erweiterungen vorgenommen, sodass er nicht mehr ganz sicher ist, ob ihm der Schöpfer der Evolutionstheorie in allen Punkten zustimmen würde.

„Würde Darwin dieses Buch lesen, so würde er seine eigene ursprüngliche Theorie kaum darin wiedererkennen, wenn ich auch hoffe, dass ihm die Art, wie ich sie dargestellt habe, gefallen würde", merkt Dawkins an (S. 314).

Vom Standpunkt des „Egoismus der Gene" aus gesehen wäre es für jedes Individuum erstrebenswert, seine Erbsubstanz möglichst zahlreich weiterzugeben. Mit Blick auf die Meme käme es darauf an, möglichst viele und langlebige kulturelle Spuren zu hinterlassen. Das eröffnet völlig neue Perspektiven der „Fortpflanzung". Die Gene des großen Johann Wolfgang von Goethe sind längst aus der Welt verschwunden. Bei seinen Nachkommen war ihr Anteil bereits nach sieben Generationen auf weniger als ein Prozent geschrumpft, doch seine Meme sind immer noch in den Gehirnen von Millionen präsent. Jeder Mensch hat die Chance, neben der Weitergabe seiner Gene auch für die Produktion von Memen zu sorgen. Mit etwas Glück sind diese langlebiger als seine biologische Erbmasse. Das „I wer' narrisch" des Reporters Edi Finger anlässlich des Tors zum 3:2 des österreichischen Fußballteams gegen Deutschland in Cordoba 1978 hat unter Umständen das Zeug dazu. Für die Vererbung von Memen gibt es auch keine biologische Altersgrenze. Denn sie funktioniert auch noch, wenn die biologische Uhr für die Fortpflanzung längst abgelaufen ist.

„Das Individuum wird von seinen Erziehern behandelt,
als ob es etwas Neues sei, aber eine Wiederholung werden sollte.
Erscheint der Mensch zunächst als etwas Unbekanntes, nie
Dagewesenes, so soll er zu etwas Bekanntem, Dagewesenen
gemacht werden."
Friedrich Nietzsche

Als Individualisten geboren, zu Konformisten erzogen?

Sind die Gene schuld?

Die Genetiker weisen nach, dass wir als Individualisten geboren werden. Das verdanken wir der sexuellen Fortpflanzung, die nicht nur den Vorteil hat, von angenehmen Gefühlen begleitet zu sein, sondern auch für genetische Vielfalt der Nachkommen zu sorgen. Kein Mensch gibt seine Gene zu 100 Prozent weiter. Jedes Kind hat jeweils die Hälfte seines Erbguts vom Vater und von der Mutter. Bei mehr als 20.000 Genen ergibt das tolle Kombinationsmöglichkeiten. Es ist gänzlich unbestimmt, welche Gene von welchem Elternteil stammen, sonst wäre es auch nicht möglich, dass ein und dasselbe Elternpaar völlig unterschiedliche Kinder in die Welt setzt.

Die Natur hat dafür gesorgt, dass so verschiedenartige Menschen das Licht der Welt erblicken, dass sich mit großer Wahrscheinlichkeit solche Exemplare darunter befinden, die für zukünftige Aufgaben gerüstet sind. Wir sind also auf Individualität angelegt. Doch es scheint, als hätte die Natur Angst vor der eigenen Courage bekommen und in die Menschen Programme eingebaut, die vor zu viel Anderssein schützen und angepasste, geradlinige und berechenbare Wesen erzeugen. Ob diese Strategien zu unserer Grundausstattung gehören oder ob sie uns später von Eltern, Lehrern, Vorgesetzen, Priestern oder anderen Autoritätspersonen vermittelt, um nicht zu sagen eingebläut werden, ist nicht ganz geklärt. Das ist letztendlich auch relativ gleichgültig, denn unsere Eigenschaften verdanken wir in aller Regel einem Zusammenwirken von Anlage und Umwelteinflüssen.

Die Frage, ob Merkmale des Menschen wie Intelligenz, körperliche Erscheinung, Stresstoleranz und Sozialverhalten angeboren oder erworben sind, beschäftigt die Wissenschaft und die öffentliche Diskussion gleichermaßen. Das Interesse daran rührt unter anderem daher, dass man mit diesen Eigenschaften völlig anders umgeht, je nachdem, ob man diese für genetisch bedingt hält oder annimmt, dass sie durch die Umwelt beeinflusst sind. Von dieser Entweder-oder-Denkweise ist es nicht weit bis zu dem Punkt, angeborene Defizite als gottgegeben hinzunehmen und nichts zu tun, um diese auszugleichen. Man hat sie eben oder man hat sie nicht. Was nützen Förderprogramme bei einer angeborenen Leseschwäche? Was nützt eine Diät bei angeborener Fettleibigkeit? Was nützt die Veränderung des Lebensstils bei angeborener Herzinsuffizienz? Was nützen Rehabilitationsmaßnahmen bei geborenen Kriminellen? Die persönlichen und gesellschaftlichen Ausreden sind rasch zur Stelle.

Natürlich bemächtigten sich auch die Ideologen dieses Themas, denn auf diese Weise lassen sich die Erscheinungen des Lebens leicht einordnen. Eher rechte, konservative Gruppierungen neigen dazu, das Dogma von der Unveränderbarkeit angeborener Merkmale hochzuhalten. Eher links angesiedelte Kreise sind von deren Veränderbarkeit überzeugt. Was stimmt nun? Darauf gibt es von der Genetik interessante Antworten, auf die ich später noch ausführlich eingehen werde.

Die klassische Methode zur Erkundung, ob ein Merkmal genetisch bedingt oder umweltabhängig ist, ist die Zwillingsforschung. Eine solche Untersuchungsanordnung könnte zum Beispiel darin bestehen, eineiige Zwillingspaare zu untersuchen, von denen ein Teil bei den leiblichen Eltern aufgewachsen ist, der andere von Adoptiveltern aufgezogen wurde. Da die genetischen Voraussetzungen bei beiden gleich sind, könnte man Unterschiede beim untersuchten Merkmal, zum Beispiel der Intelligenz, auf Umwelteinflüsse zurückführen. Eine andere Möglichkeit besteht darin, eineiige mit zweieiigen Zwillingen, die alle bei ihren Eltern aufgewachsen sind, zu vergleichen. In diesem Fall ist die soziale Umgebung der Zwillinge weitgehend gleich, sie unterscheiden sich jedoch hinsichtlich ihrer genetischen Voraussetzungen. Wenn also zweieiige Zwillinge in Bezug auf das untersuchte Merkmal stärkere Differenzen aufweisen als eineiige, kann man von einer genetischen Mitverursachung ausgehen. Aufgrund solcher Untersuchungen kamen die Forscher übereinstimmend zur Auffassung, dass die Intelligenz je zur Hälfte von den Genen und der Umwelt abhängig ist. Auf die gleiche Weise wurde zum Beispiel auch festgestellt, dass so unterschiedliche Merkmale wie Körpergröße, politische Einstellung, Religiosität, Fernsehverhalten und Handynutzung bis zu einem gewissen Grad erblich bedingt sind (Penke 2013, S. 64).

Untersuchungen zeigen ferner, dass der genetische Einfluss auf Intelligenzunterschiede mit dem Alter zunimmt. Das erscheint auf den ersten Blick paradox, denn, wie man aus Zwillingsstudien weiß, verlieren ererbte Eigenschaften im Laufe des Lebens an Bedeutung. Im Falle der Intelligenz läuft es jedoch anders. Kinder sind ihrem Umfeld in höherem Maße ausgeliefert als Erwachsene. Was nützt es einem Sprössling intelligent zu sein, wenn er in einer Familie aufwächst, die keine geistigen Impulse gibt? Andererseits können Kinder in bildungsfreundlicher Umgebung ihr Potenzial besser nützen, egal wie groß dieses ist. Mit zunehmendem Alter wird bei intelligenten Menschen ein Umweltdefizit häufig ausgeglichen, indem sie sich ein Ambiente suchen, in dem sie ihre geistigen Fähigkeiten entwickeln und einsetzen können. Untersuchungen zeigen leider auch, dass diese erfreuliche Aussicht nur für Menschen mit höherem sozialen Status gilt, ärmere sind davon meist ausgeschlossen.

✎ Randnotiz: Sind schöne Menschen intelligenter?

„So ein Blödsinn", werden Sie vermutlich auf eine solche Frage antworten und dabei an dümmliche Bodybuilder und ebensolche Teilnehmerinnen an Misswahlen denken (Achtung Vorurteil). Aber ganz von der Hand zu weisen ist diese Hypothese nicht. Eine Reihe von Studien förderte einen Zusammenhang zwischen geistigen Fähigkeiten und der Körpersymmetrie zutage. Bei intelligenteren Menschen besteht größere Ähnlichkeit zwischen linker und rechter Körperhälfte (Penke, S. 68). Eine solche Übereinstimmung der Maße von Ohren, Fingern, Ellbogenbreite, Füßen und so weiter gilt als Zeichen für Entwicklungsstabilität. Das bedeutet nun nicht, dass Intelligenz etwas mit gleich langen Ohren zu tun hätte, es ist vielmehr so, dass sowohl Intelligenz als auch Körpersymmetrie mit einer stabilen Entwicklung des gesamten Körpers einschließlich des Gehirns zusammenhängen.
Da Körpersymmetrie das optische Erscheinungsbild positiv beeinflusst, ist es durchaus nicht allzu weit hergeholt, dass Schönheit und Intelligenz miteinander korrelieren.

Epigenetische Programme machen die Musik

Ich habe angekündigt, dass es von der Genetik interessante Antworten auf die Frage „Angeboren oder erworben?" gibt. Eines gleich vorweg: Es handelt sich um kein Entweder-Oder, vielmehr wirken bei so gut wie allen unseren Eigenschaften,

Fähigkeiten und Verhaltensweisen Erbanlagen und Umwelt zusammen. Doch der Reihe nach: Es war ein historischer Moment, als am 26. Juni 2000 die beiden Molekularbiologen Francis Collins und Craig Venter unter der Moderation des damaligen Präsidenten der USA, Bill Clinton, eine besondere Karte enthüllten: das praktisch vollständige menschliche Genom. Die Begeisterung war grenzenlos. Man sah sich am Ziel, Volkskrankheiten wie Krebs, Parkinson, Alzheimer und Diabetes in absehbarer Zeit heilen zu können und hinter das Geheimnis des Alterns zu kommen. Heute ist viel von dieser Euphorie, die ihre Ursache in einer maßlosen Überschätzung der Macht der Gene hatte, verschwunden. Craig Venter selbst räumte zwei Jahre nach dem spektakulären Auftritt ein: „Im Rückblick waren unsere damaligen Annahmen über die Funktionsweise der Genome dermaßen naiv, dass es fast schon peinlich ist" (zit. nach Kegel, S. 13). Es ist alles leider – oder Gott sei Dank – wesentlich komplizierter, als man damals annahm. Das „Gott sei Dank" bezieht sich darauf, dass wir den Genen nicht in dem Maße ausgeliefert sind, wie es zunächst den Anschein hatte.

Ich bin kein Biologe, doch ich unternehme den Versuch, einige Fakten, die für unser Thema von Bedeutung sind, so einfach wie möglich darzustellen. In jeder Zelle unseres Körpers befindet sich die DNS (Desoxyribonukleinsäure) oder englisch DNA, die die gesamte Erbinformation trägt. Ein Gen ist ein Stück davon. Man kann die DNA als Text auffassen, der abgelesen wird, um die Proteine herzustellen, aus denen der menschliche Organismus aufgebaut ist. Und hier kommt die Epigenetik ins Spiel (siehe Infokasten S. 180). Es kommt nämlich nicht nur auf den Text an, sondern auch darauf, wie dieser abgelesen wird. Die Gene, die unsere Erbanlagen tragen, sind, wie es der Molekularbiologe Jens Reich ausdrückt, wie ein Konzertflügel. Dieser braucht, damit Musik entsteht, jemanden, der darauf spielt. Noch besser passt meines Erachtens der Vergleich mit einem elektrischen Klavier, bei dem eine Walze oder ein Lochstreifen bestimmt, welche Taste zu welcher Zeit wie stark gemeinsam mit welchen anderen Tasten gedrückt wird. Man könnte sagen: Die epigenetischen Prozesse bringen die Gene zum Klingen, dämpfen sie oder schalten sie stumm.

Ein großer Teil der menschlichen Gene kann nämlich in seiner Aktivität reguliert werden. Durch bestimmte Prozesse in der Umgebung des Gens kann dieses eingeschaltet, abgeschwächt oder sogar ganz ausgeschaltet werden. Diese Regulierung ist abhängig von Signalen aus der Zelle, aus dem Organismus oder – und das ist für unser Thema besonders wichtig – aus der Umwelt. Vor diesem Hintergrund kann das Bild von den egoistischen Genen, die sich, um möglichst vielfach repliziert zu werden, eine „Überlebensmaschine" halten, wie Richard Dawkins es entworfen hat, nicht aufrechterhalten werden. Man wird wohl eher ein Zusammenspiel von Genen, Organismus und Umwelt annehmen müssen. Das Leben hinterlässt Spuren – und zwar in der epigenetischen Struktur. Die elterliche Fürsorge, die zwischenmenschlichen Kontakte, der Lebensstil, insbesondere der Umgang mit Stress, die Ernährung, ja sogar das Wetter haben Einfluss auf unsere Genaktivität. Wie die Forschung zeigt, sind die frühkindlichen epigenetischen Programmierungen

---

⚲ Kurz erklärt: Epigenetik

„Die Epigenetik (von griechisch: *epi* = über) erforscht alle Änderungen der Genfunktion, die nicht auf Veränderung der DNA-Sequenz zurückzuführen sind und dennoch von Zellen an ihre Tochterzellen vererbt werden" (Spork, S. 77). Die Evolution ist ein überaus langsamer Prozess, bei dem die Genstruktur durch Mutation verändert wird. Die Epigenome sind hingegen frühzeitige Reaktionen auf die Umwelt, die längere Zeit erhalten bleiben und in Einzelfällen sogar an die folgende Generation weitergegeben werden.

besonders langlebig. Falsche Ernährung, Stress der Mutter während der Schwangerschaft oder traumatische Erlebnisse in den ersten Lebensjahren können nachteilige epigenetische Programme auslösen, die ein Leben lang anhalten. „Es scheint also äußerst hilfreich für unser Schicksal zu sein, wenn unsere Zellen so früh wie möglich überzeugt davon sind, in eine gute Welt hineingeboren zu sein", resümiert der Neurobiologe und Wissenschaftsjournalist Peter Spork (S. 91). Eine nicht gerade leichte Bürde, die den Eltern so auferlegt wird. Doch erwachsene Menschen sind damit aus der Eigenverantwortung nicht entlassen. Auch für sie zahlt es sich aus, falls dies notwendig ist, den Lebensstil zu ändern. Eine großangelegte Studie eines Teams um Hans Bjornsson von der Johns Hopkins University in Baltimore zeigte, dass sich im Laufe der Lebenszeit die epigenetischen Schalter vieler Individuen deutlich verändert hatten. Ähnliche Ergebnisse erbrachte auch die Zwillingsforschung. Eineiige Zwillinge, die identische Gene haben, entwickeln sich immer weiter auseinander, je älter sie werden und je weniger Lebenszeit sie miteinander verbracht haben. Die Bedeutung der Gene nimmt also mit dem Alter beziehungsweise mit den Erfahrungen des Lebens ab. „Die Epigenetik schenkt uns die Verantwortung für unser Handeln zurück", sagt Moshe Szyf von der Universität in Montréal (zit. nach Spork, S. 47). Nichts ist es mit der Ausrede: „Da kann man nichts machen, das ist genetisch bedingt." Wir sind selbst verantwortlich für unser Wohlergehen, unsere Gesundheit und unsere Lebenserwartung. Die wichtigsten Ansatzpunkte hierfür sind der Lebensstil, die Ernährung und der Umgang mit Stress.

Genregulationen können nur kurz wirksam sein oder auch ein Leben lang anhalten. Es gibt Hinweise darauf, dass manche sogar vererbt werden können. Es ist aber wichtig festzuhalten, dass nicht die Gene verändert werden, sondern nur deren Regulierung. Insofern besteht auch kein Widerspruch zum Darwinismus.

Noch bis vor Kurzem gehörte es zu den unumstößlichen Grundsätzen, dass Erlerntes nicht vererbt werden kann. Ganz lässt sich diese Behauptung nicht mehr aufrechterhalten, denn in einzelnen Fällen konnte nachgewiesen werden, dass Erfahrungen durchaus Auswirkungen auf die nächste Generation hatten. Brian Dias und Kerry Ressler von der Emory University School of Medicine in Atlanta (Dias et al. 2014, zit. nach Spiegel Online) setzten Mäuse einem Kirschblüten-Duft aus und versetzten ihnen gleichzeitig kleine Elektroschocks. Deren Nachkommen, die nach diesem unangenehmen Erlebnis gezeugt worden waren, zeigten, wenn sie mit Kirschblüten-Duft konfrontiert wurden, ängstliches Verhalten.

Solche Einzelfälle reichen allerdings bei Weitem nicht aus, um die Lehrmeinung, dass Erlerntes nicht vererbt werden könne, zu widerlegen. Es bleibt dabei: Auch wenn der Vater Konzertpianist war, muss das Kind mühsam das Klavierspiel erlernen.

„Mit dem Fleiße bringt ein mittelmäßiger Kopf es weiter,
als ein überlegener ohne denselben."
Baltasar Gracián y Morales

„Fleiß ist die letzte Zuflucht des Versagers."
Oscar Wilde

Plädoyer für den Fleiß

Talent ist nur ein Startvorteil

Die Thematik „angeboren oder erworben" hat wesentliche
Auswirkungen auf das Selbstverständnis des Menschen. Wer
sich als das Ergebnis genetischer Voraussetzungen betrachtet,
wird nur geringe Möglichkeiten sehen, seine Situation durch
Anstrengung und Änderungswillen zu verbessern. Und das
wäre schade.

„Es entbehrt nicht einer gewissen Ironie, dass ausgerechnet
verbesserte Messverfahren im Bereich der Erbforschung zeigen, wie wichtig das soziale Umfeld der Menschen für deren
Wohlergehen ist", konstatieren die Soziologen Michael Shanahan und Jason Freeman von der University of North Ca-
rolina (S. 56). Da ist was dran. Zwar wusste man auch schon
vor den Forschungsergebnissen der Epigenetik, dass bei den
menschlichen Fähigkeiten genetische Ursachen und Umwelteinflüsse eine Rolle spielen, die jüngsten Erkenntnisse vermitteln jedoch ein neues Verständnis für das Zusammenwirken
dieser beiden Faktoren.

Bleiben wir beim im letzten Kapitel erwähnten Beispiel
der Intelligenz. Wie bereits ausgeführt, ist sie im Allgemei-

nen zu rund 50 Prozent genetisch bedingt, das heißt, Intelligenzunterschiede können je zur Hälfte der Vererbung und der Umwelt zugeschrieben werden. Für den Einzelfall sagt das jedoch nichts aus. Es ist nicht so, dass die ererbten 50 Prozent in jedem Fall zur Verfügung stehen. Auch die müssen erst „verdient" werden. Eine gute genetische Ausstattung stellt einen Startvorteil dar. Aber auch nicht mehr. Man kann das im sportlichen Training gut beobachten. Der Vorteil der Talentierten besteht darin, dass bei ihnen das Training rascher Früchte trägt, sodass sie eher in der Lage sind, Anweisungen umzusetzen, als die Unbegabten. Doch auch sie brauchen das Training, sonst ist ihr Talent wertlos.

Die Tatsache, dass Übung beim genetisch Bevorzugten besonders gut wirkt, bedeutet ganz und gar nicht, dass sie sich beim Minderbegabten nicht auszahlen würde. Ein genetisches Defizit bedeutet nicht: „Da kann man nichts machen", sondern ganz im Gegenteil: „Ich muss noch mehr tun". Der nicht so Begabte braucht das Training, um sein Defizit auszugleichen, der Talentierte benötigt es, um sein Potenzial auszuschöpfen, denn großartige Leistungen sind nur möglich, wenn beides zusammentrifft. Der Fleiß kann keine Gene verändern, aber bewirken, dass diese aktiviert werden und so der größtmögliche Nutzen aus ihnen gezogen wird. Die Bereitschaft zum Üben liegt in unserer Verantwortung, die genetische Ausstattung nicht.

Natürlich sind dem Fleiß auch Grenzen gesetzt. Wenn das Talent nicht reicht, führt immer mehr Üben nur zu Frustration und zur Vergeudung von Ressourcen, die man besser für ein lohnenderes Ziel eingesetzt hätte. Meist ist es besser, sich auf seine Stärken zu besinnen, als mit enormem Energieeinsatz eine Schwäche ausbügeln zu wollen. Man kann davon ausgehen, dass jeder Mensch Talente hat, die es wert sind, gefördert zu werden. Ich habe bereits den Satz von Moshe Szyf zitiert, dass die Epigenetik uns die Verantwortung für unser Handeln zurückgibt. Das bedeutet: Wir haben die Verpflichtung, unsere Talente zu entdecken und sie mit Fleiß zur Entfaltung zu bringen. Und Eltern, Schule und Gesellschaft haben die Verantwortung, uns dabei zu unterstützen.

Übung macht den Master

Auch den Talentierten fallen die Erfolge nicht in den Schoß. Dazu ein Beispiel aus dem Sport. Tiger Woods, die langjährige Nr. 1 im Golf, hatte beim Masters-Turnier 2012 einen überaus schwierigen Schlag zu absolvieren. Der Ball lag an der Graskante in der Nähe eines abschüssigen Grüns. Woods stand vor der Herausforderung, hart genug zu schlagen, damit der Schläger durch das Gras gleiten konnte, aber gleichzeitig so „sanft", dass der Ball auf dem Grün rasch zum Stillstand kam. Sollte er den Schlag nicht ganz präzise mit dem richtigen Tempo im richtigen Winkel ausführen, bestand die Gefahr, dass der Schläger im Gras stecken blieb oder der Ball weit über das Grün flog. Tiger Woods beförderte den Ball hoch in die Luft, dieser landete butterweich auf dem Grün, rollte zum Loch, blieb an der Kante eine gefühlte Ewigkeit lang liegen und plumpste dann unter dem Jubel der Zuseher hinein. Als ein Reporter ihn später fragte, woher er diesen Schlag herbeigezaubert habe, antwortete ihm Tiger Woods verständnislos: „Ich habe ihn tausende Male geübt."

Thomas Muster, unser österreichisches Tennisaushängeschild und Vorbild auch für Sportler anderer Disziplinen, galt als nicht so talentiert wie andere Tennisgrößen seiner Zeit. Er war in seiner aktiven Zeit eher als unermüdlicher „Rackerer" bekannt. Dieser etwas abschätzigen Zuschreibung nahm er die Spitze, indem er konterte: „Ich habe das Talent zum

Trainieren." Ich denke, in diesem Punkt irrt Thomas Muster. Seine Fähigkeit, sich zu quälen und sich nicht mit kleinen Erfolgen zufriedenzugeben, verdankt er wohl eher günstigen Erziehungseinflüssen als den Genen. Übrigens: Es mag sein, dass McEnroe, Leconte, Becker oder Noah mehr Begabung hatten als Thomas Muster, man wird jedoch nicht zur Nr. 1 in diesem Sport, wenn man nur Fleiß, und nicht auch außergewöhnlich viel Talent besitzt.

Fleiß hat ein Imageproblem

Es ist das Verdienst von Thomas Muster, der Welt gezeigt zu haben, was man erreichen kann, wenn sich zum Talent, das vielleicht „nur" für die Top 20 der Tenniswelt gereicht hätte, außerordentlicher Trainingsfleiß gesellt. Er hat viel getan, um das Image des Fleißes aufzumöbeln. Und das ist auch dringend nötig. Ich habe den Eindruck, dass in unserer Gesellschaft der Talentierte, dem gute Leistungen leicht von der Hand, vom Fuß oder einem anderen Körperteil gehen, angesehener ist als der Fleißige und Beharrliche, der sich seine Erfolge mühsam erkämpfen muss. Ich erinnere mich, dass in meiner Schulzeit die Mitschüler, die ohne besondere Vorbereitung bei einer Prüfung ein Befriedigend oder ein Genügend ergatterten, höher im Kurs standen als die „Streber" mit einem Sehr gut. Fleiß hat ein Imageproblem gegenüber dem Talent. Auch die Mutter eines Problemschülers hört beim Elternsprechtag vom Lehrer lieber, ihr Sohn sei „intelligent, aber faul", als die Umschreibung „mäßig begabt, aber fleißig", auch wenn das Ergebnis das gleiche ist. Dieses Phänomen ist vermutlich nicht auf unsere Zeit beschränkt, denn schon in der Antike bewunderte man das Talent mehr als den Fleiß. Im alten Rom standen gute Redner hoch im Kurs, besonders jene, die aus dem Stegreif mit brillanten Formulierungen ihr Publikum begeistern konnten. Denjenigen aber, denen man anmerkte, dass sie die Rede in Nachtarbeit memoriert hatten, rief man verächtlich zu: „Olet lucernam!", was so viel bedeutet wie: „Deine Rede hat den Geruch der Öllampe, in deren Schein du deinen Auftritt vorbereitet hast!"

In der heutigen Zeit ist Coolness „in". Und die verträgt sich nicht mit Schweißgeruch. Ein Paradebeispiel dafür entnehme ich wieder dem Sport. Die Snowboarder haben Olympia erobert. Im Freestyle, in der Halfpipe und im Slopestyle vollführen diese Sportler halsbrecherische Sprünge mit atemberaubenden Salti und Schrauben. Die Protagonisten dieser ebenso gefährlichen wie trainingsintensiven Disziplin haben es offensichtlich darauf abgesehen, dass man ihnen derartige Kunststücke niemals zutrauen würde. Sie vermitteln

Kurz erklärt: Der Marshmallow-Test

Der österreichisch-amerikanische Psychologe Walter Mischel führte von 1968 bis 1974 an der Stanford University Experimente zum Belohnungsaufschub durch. Testpersonen waren Kinder von ca. vier Jahren. Sie wurden einzeln von einer Versuchsleiterin in einen Raum geführt, wo sie ein Marshmallow vorfanden. Es wurde ihnen mitgeteilt, dass sie dieses gleich essen könnten, wenn sie aber warteten, bis die Versuchsleiterin wieder zurückkäme, würden sie zwei Stück der begehrten Süßigkeit erhalten. Auf YouTube finden Sie einige Videos zu diesem Test, in denen Sie die herzzerreißenden Verrenkungen und Grimassen der Kinder beobachten können, die sie vollführen, um der Versuchung zu widerstehen. In Nachbeobachtungsstudien stellte Mischel fest, dass jene Kinder, die ihr Bedürfnis, das Marshmallow aufzuessen, länger aufgeschoben hatten, als Heranwachsende bessere schulische Leistungen zeigten und besser mit Frustration und Stress umgehen konnten.

mit ihrem Outfit und ihrem lässigen Auftreten den Eindruck, sie wären nicht in der Lage, allein über die Straße zu gehen.

Ich plädiere für den Fleiß, für die Bereitschaft zu üben, sich anzustrengen und – auch das ist eine wichtige Voraussetzung für gute Leistungen – sich nicht mit raschen, kleinen Erfolgen zufriedenzugeben. Die Fähigkeit, Belohnungen aufschieben zu können, ist eine wesentliche Voraussetzung für schulischen, beruflichen und sportlichen Erfolg, wie Walter Mischel mit dem „Marshmallow-Test" nachweisen konnte (siehe Infokasten S. 187). Jeder, der eine langwierige Ausbildung auf sich nimmt oder für sportliche Leistungen trainiert, tut dies, um später davon profitieren zu können. Die Belohnung kommt dann mit jahrelanger Verzögerung oder gar überhaupt nicht, denn ein Versprechen wie im „Marshmallow-Test" gibt es im wirklichen Leben nicht.

Von Schülern lernen?

Wenn Sie Skisport-Fan sind und regelmäßig Weltcup-Rennen im Fernsehen verfolgen, wird Ihnen aufgefallen sein, dass die USA immer wieder Ausnahmekönner hervorbringen. Zu der Zeit, in der ich dieses Buch schreibe, sind das insbesondere Lindsey Vonn, Mikaela Shiffrin und Ted Ligety. Die fahren nicht nur schnell Ski, sie machen auch irgendetwas anders als die anderen, die sich verzweifelt bemühen, es ihnen gleichzutun. Diese Situation ist deshalb erstaunlich, da die Alpenländer über ein zumindest ebenso großes Reservoir an Nachwuchsläufern verfügen und auch die besten Experten im Sold haben. Und vielleicht liegt gerade darin das Problem. Experten zeichnen sich – wie erwähnt – dadurch aus, dass sie genau wissen, was gestern das Richtige war, und das verstellt ihnen oft den Blick auf das, was morgen erfolgreich sein wird. In den USA scheint man mehr auf die individuellen Voraussetzungen der Talente einzugehen und sie nicht so sehr an Normen zu messen. Nachwuchsrennläufer haben dadurch die Chance, ihren eigenen Stil und ihre eigenen Stärken zu entwickeln.

Auch der Erfolgsdruck ist nicht so groß wie zum Beispiel im skiverrückten Österreich. Man kann daher Nachwuchshoffnungen mehr Zeit lassen und das ist überaus wichtig, da das Neue oft zunächst gegenüber dem Bewährten im Nachteil ist und so etwas wie eine Schonzeit braucht.

Schüler können von Instruktoren lernen, was gestern richtig war, doch unter den Abweichungen, den „Fehlern" der Schüler können sich solche befinden, die morgen zum Erfolg führen. Um die Dinge zurecht zu rücken: In aller Regel sind Abweichungen im Verhalten der Schüler schlichte Fehler, die in eine Sackgasse führen. Manchmal geben sie jedoch einen Hinweis auf etwas Neues, auf eine Verbesserung. Darauf sollten Lehrende vorbereitet sein, indem sie Fehler der Schüler nicht gleich auszumerzen versuchen, sondern sie zunächst als eine mögliche Alternative betrachten.

„Alles ist schwierig und wird immer schwieriger,
wenn man sein eigenes Leben leben will."
Henry Miller

Zum Abschluss:
Wir haben eine Chance auf
Individualität

Die Epigenetik macht Mut

Es gibt Hinweise darauf, dass die Vereinfachungs- und Harmonisierungstendenzen, die Neigungen zur Konsistenz und zur Konformität zu unserer angeborenen Grundausstattung gehören. Man kann sich jedoch auch gut vorstellen, dass sie das Ergebnis der Sozialisation sind, denn in allen Kulturen gibt es auffällige Bemühungen, die Menschen zu widerspruchsfreien, berechenbaren und an die Mehrheit angepassten Wesen zu formen. Eltern, Lehrer, Vorgesetzte, Richter, Priester und andere Autoritätspersonen scheinen sich verschworen zu haben, uns zu „glattgebürsteten" Bürgern zu erziehen. Haben wir überhaupt eine Chance, uns dagegen zu wehren? Die neueren Ergebnisse der Epigenetik machen Mut. Sie zeigen, dass die Frage „Angeboren oder erworben?" weitgehend sinnlos ist. Sie muss vielmehr lauten: Wie wirken Gene und Umwelt bei der Entwicklung von Eigenschaften und Leistungen zusammen? Selbst wenn es Gene gibt, die etwa mit Autoritätshörigkeit in Zusammenhang stehen, können sie durch entsprechende Erfahrungen aktiviert oder ausgeschaltet werden. Wir sind nicht die Sklaven unserer Gene.

Wir können deren Wirksamkeit beeinflussen. Leicht ist das allerdings nicht. Epigenetische Programmierungen sind besonders stabil, wenn sie im frühen Kindesalter erfolgen. Und die Erziehung zu Konsistenz und Konformität setzt ein, bevor wir den Windeln entwachsen sind. Außerdem werden wir von der Gesellschaft für Berechenbarkeit und Anpassung an Autoritäten und Mehrheiten ständig belohnt. Dazu kommt, dass Vereinfachungs- und Harmonisierungstendenzen uns das Leben erleichtern. Sie helfen, mit uns selbst und der Umwelt im Einklang zu stehen und Ordnung in eine komplexe Welt zu bringen.

Von der Automatik in den bewussten Modus

Die Vereinfachungs- und Harmonisierungsprozesse laufen bevorzugt dann ab, wenn wir unter Zeitdruck stehen, abgelenkt sind, zu wenig oder zu viel Information bekommen, wenn wir ermüdet oder emotional erregt sind. Dann ist die Wahrscheinlichkeit groß, dass unsere Psyche auf Automatik stellt und ein fertiges Programm abruft. Doch in derartigen Situationen befinden wir uns nicht immer. Bei Weitem nicht. Manchmal ist es sicherlich wichtig, ein Erleben blitzschnell einzuordnen, um rasch darauf reagieren zu können. Oft haben wir jedoch keinerlei Druck und könnten eine Situation in Ruhe analysieren und eine vernünftige Strategie entwickeln. Wir könnten uns dagegen wehren, Dinge vorschnell zu bewerten und sie stattdessen einfach auf uns wirken lassen. Doch was tun wir nur allzu oft? Nach einem raschen und oberflächlichen „Drüberschauen" wird eine Person in eine Schublade bugsiert, mit geringen Chancen, jemals wieder aus dieser herauszukommen. In Situationen, die nur ungefähr einer bereits bekannten entsprechen, wird die Standardreaktion abgerufen. Erfahrungen, die bestehenden Einstellungen widersprechen, werden gnadenlos passend gemacht. Wir schließen uns Mehrheitsmeinungen oder dem Verhalten anderer an und folgen Autoritäten, statt Situationen selbstbestimmt zu beurteilen. Diese automatischen Programme hat vermutlich die Evolution für Stresssituationen selektiert, denen unsere Vorfahren ausgesetzt waren und in denen es darauf ankam, eine Gefahr blitzschnell zu erkennen und Menschen rasch in ein Freund-Feind-Schema einordnen zu können. Unser heutiges Problem liegt darin, dass wir dazu tendieren, ohne Not die vorprogrammierten Prozesse ablaufen zu lassen, auch wenn wir genügend Zeit und Hirnkapazität zur Verfügung hätten, anders zu handeln. Wir hätten die Möglichkeit, nicht immer, aber in vielen Situationen des Alltags, von „Automatik" auf „Verstandessteuerung" umzuschalten. Ich bin nicht so blauäugig, anzunehmen, dass der Appell an die Vernunft schon genügt, um gegen festverankerte Verhaltensmuster anzukommen. Da ist schon ein intensives Trainingsprogramm notwendig. Doch je öfter Sie ein solches angewandt haben, desto leichter fällt es Ihnen, Harmonisierungsprogramme zu stoppen, die Ihnen das Leben zwar einfacher, doch manchmal etwas zu einfach machen – oder Sie überhaupt in eine Falle tappen lassen. „Als Methode, sich ‚vorprogrammiert' und gedankenlos zu verhalten, kann uns mechanische Konsistenz einen Zufluchtsort bieten, an dem wir vor unbequemen Einsichten gefeit sind. Hinter den dicken Festungsmauern sturer Konsistenz halten wir der Belagerung durch die Vernunft unverrückbar stand", merkt dazu Robert B. Cialdini an (Cialdini, S. 94).

Das Trainingsprogramm, das ich hier vorschlage, besteht in einem ersten Schritt darin, zu erkennen, wann solche Automatismen ablaufen. Das eröffnet als zweiten Schritt die Möglichkeit, ein „Stopp" auszusprechen, um die Automatik zu unterbrechen. Im nächsten Schritt können Sie der Vernunft eine Chance geben und ein alternatives Verhalten einsetzen. Wenn Sie zum Beispiel merken, Sie sind eben dabei, eine Person in eine Schublade zu stecken oder zu tun, was die anderen tun: Stoppen Sie diesen Vorgang und versuchen sie bewusst, die Person einfach auf sich wirken zu lassen beziehungsweise eine Situation selbst zu beurteilen und Ihre Meinung nicht nach den Erwartungen oder Reaktionen der anderen auszurichten. Ich habe bei der Beschreibung der Harmoniefallen einige dieser Verhaltensweisen beschrieben. Damit dieses alternative Handeln im Ernstfall funktioniert, schlage ich vor, es in Situationen zu üben, in denen der Druck nicht allzu groß ist. Üben Sie zum Beispiel den Widerspruch zur Gruppenmeinung zunächst in einer Umgebung, die für Ihren Selbstwert von nur geringer Bedeutung ist. Das wäre etwa eine Gruppe, zu der Sie nur losen Kontakt haben. Ist das gelungen, können Sie es wagen, in der Umgebung, in der Ihnen der soziale Status sehr wichtig ist, Widerstand zu leisten.

Was es Ihnen bringt

Neues Wahrnehmen der Welt, neues Denken und ein Handeln, das sich vom Mainstream abhebt, sind für die Bewältigung der Zukunft unerlässlich. Eine wesentliche Voraussetzung dafür ist, dass Sie bei sich selbst und bei anderen Individualität zulassen. Der Genetiker Markus Hengstschläger beschwört geradezu: „Die Individualität, die sich die Evolution leistet, zielt darauf ab, um jeden Preis immer wieder Individualität entstehen zu lassen. Das ist es, was wir als Gesellschaft auch tun sollten. Unabhängig davon, ob wir glauben, das Richtige schon gefunden zu haben – denn ist es das Richtige für morgen?" (Hengstschläger, S. 47).

Vielleicht sagen Sie sich, dass Ihnen die Zukunft der Menschheit herzlich gleichgültig ist und Sie Ihr eigenes Wohlergehen im Sinn haben. Keine Sorge: Sie können auch persönlich profitieren, wenn Sie den Vereinfachungs- und Harmonisierungstendenzen in bestimmten Fällen gegensteuern.

- Das Herstellen von Harmonie nach Entscheidungen bewirkt durchaus einen angenehmen Zustand für die Psyche und bestätigt Ihnen, wie recht Sie doch hatten. Doch das Ertragen der Dissonanz könnte helfen, auch die ausgeschlagene Alternative wertzuschätzen. Kaum jemals ist an dem, wofür wir uns entschieden haben, alles gut und an dem, das nicht zum Zug kam, alles schlecht.

- Unser eigenes Harmoniebedürfnis und das unserer Mitmenschen können uns daran hindern, längst notwendige Veränderungen an unseren Einstellungen und Verhaltensgewohnheiten vorzunehmen. Diese sind jedoch erst möglich, wenn man eine trügerische Harmonie aufgibt und eine bestehende Dissonanz zur Kenntnis nimmt.

- Ordnung im eigenen Kopf ist wichtig, denn damit schaffen wir die Ordnung in der Welt. Meinungen, Einstellungen und Werthaltungen sollen zueinander passen, ein beliebiges Sammelsurium von psychischen Inhalten würde keine in sich stimmige Persönlichkeit ergeben und hätte eine chaotische Weltsicht zur Folge. Wenn aber im Gegensatz dazu neue Informationen immer nur an bereits bestehende Einschätzungen angepasst und nicht kompatible gnadenlos abgewiesen, verdrängt oder passend gemacht werden, lebt man zwar in einer geordneten Welt, doch diese hat möglicherweise mit der Vielfalt der Realität nur noch wenig zu tun.

- Wenn wir uns eine Meinung bilden, kommt es auf die richtige Reihenfolge an: zuerst die Fakten beurteilen und dann die Meinung bilden und nicht zuerst die Meinung bilden und dann die Fakten daran anpassen. Das ist zwar anstrengend, doch es gibt uns die Chance, ein einigermaßen realistisches Bild der Welt zu zeichnen.

- Im Einklang mit anderen Personen zu stehen ist angenehm und bequem. Man fühlt sich mit seiner Sicht der Welt aufgehoben, und das schmeichelt dem Selbstwert. Es bedeutet aber auch, keine neuen Aspekte kennenzulernen und auf seinem Weltbild „hocken" zu bleiben. Seinen eigenen Standpunkt zu entwickeln und zu vertreten würde helfen, sich selbst besser kennenzulernen, denn wer seine Meinungen und sein Handeln immer am Verhalten der Mitmenschen orientiert, lebt zwar in Harmonie mit seiner Umgebung, verliert jedoch das Einvernehmen mit sich selbst. Zu seiner Überzeugung zu stehen, auch wenn diese nicht mit der Mehrheitsmeinung übereinstimmt, verlangt Mut und kostet Kraft, doch es vermittelt einen Selbstwert, der nicht vom Beifall der anderen abhängig ist.

- Die Erfassung der Mitmenschen in ihrer Buntheit, Vielfalt und Komplexität macht uns das Leben nicht unbedingt einfacher, aber interessanter – und gibt den anderen die Möglichkeit, als die wahrgenommen zu werden, die sie sind.

- Sich an Autoritäten anzulehnen und ihnen zu folgen ist bequem, da es uns die Beurteilung von Situationen erspart und die Verantwortung für unser Handeln abnimmt. Doch es würde sich lohnen, diesen kritisch gegenüberzustehen und in bestimmten Fällen auch den Gehorsam zu verweigern, denn das bringt die Selbstbestimmtheit und manchmal auch die Selbstachtung zurück.

- Vorurteile, die strikte Trennung zwischen dem „Wir" und den „Anderen", sind der vielleicht schlimmste Vereinfachungsmechanismus überhaupt. Er schädigt nicht nur die Opfer einer solchen Bewertung, sondern auch die Menschen, die diese Einstellung haben. Vorurteile vereinfachen zwar die Sicht auf die Welt und heben den eigenen Selbstwert, sie engen jedoch den Spielraum für eine realistische und mitfühlende Beurteilung der Mitmenschen immer mehr ein.

Checken Sie zum Abschluss Ihre Individualität und Selbstbestimmtheit. Hier sind einige Fragen dazu:

- Weist Ihr Freundeskreis eine große Variabilität in Bezug auf Bildungsgrad, sozialen Status, Alter, politische Ausrichtung und so weiter auf?
- Bewegen Sie sich auch in Kreisen, in denen Meinungen vertreten werden, die den Ihren widersprechen?
- Haben Sie im Laufe Ihres Lebens Ihre Meinung in wesentlichen Belangen geändert?
- Haben Sie in den letzten Jahren neue Freundinnen oder Freunde gewonnen?
- Befinden Sie sich öfters in Situationen, in denen Sie Ihre Auffassung gegen die Meinung anderer verteidigen?
- Wie vielfältig ist Ihr Bücherschrank, deckt er viele verschiedene Themen ab?
- Informieren Sie sich aus unterschiedlichen Quellen, mehreren Tageszeitungen, Magazinen, TV-Kanälen und so weiter?
- Passiert es Ihnen manchmal, dass Menschen von Ihrer Art, die Dinge zu sehen, überrascht sind?

Ihre Meinung zu diesem Thema und Ihre Erfahrungen mit Harmonie und Harmoniefallen interessieren mich. Vielleicht haben Sie Lust, mir ein Mail zu schicken: louis.schuetzenhoefer@aon.at

Danke

Ein Buch entsteht durch Nachdenken und Recherchieren.
Und vor allem durch Gespräche. Zumindest bei mir ist es so.
Besonders hilfreich sind solche Diskurse, die unterschiedliche
Meinungen beinhalten. Natürlich tut auch Bestätigung gut,
doch – wie es im Untertitel dieses Buches heißt – nur Disso-
nanz bringt uns weiter. Ich schätze mich glücklich, solche Ge-
sprächspartnerinnen und -partner zu haben. Dafür danke ich
Roswith Roth, Herta Scheucher, Dietrich Albert, Edeltraud
Naschenweng, Arthur Schmoll, Rainer Uranschek, Heinz
Wölfel und vielen anderen, die ich nicht alle namentlich nennen kann. Sie haben mir als Ezzesgeber, Kritiker, Aufmunte-
rer und Testleser auf die Sprünge geholfen.

Mit besonderer Dankbarkeit denke ich an meinen kürz-
lich verstorbenen Freund Bernd Schilcher, der mir in vielen
Diskussionen wesentliche Anregungen zu diesem Buch gegeben hat.

Ich bin stolz darauf, dass ich Günter Brus und Helmut
Schüller interviewen durfte, zwei Männer, die ich dafür be-
wundere, einen außerordentlich schwierigen inneren Auftrag
auf sich genommen zu haben. Wir brauchen solche Vorbilder,
die uns Mut machen und zeigen, wie man Harmoniefallen
meidet und ein selbstbestimmtes Leben führt. Dafür herzli-
chen Dank.

Literaturverzeichnis

Allport, Gordon W. (1954/1971): Struktur und Ausbreitung des Vorurteils. In: Anitra Karsten (Hg.): Vorurteil. Ergebnisse psychologischer und sozialpsychologischer Forschung. Wissenschaftliche Buchgesellschaft Darmstadt.

Asendorpf, Jens (1988): Keiner wie der Andere. Wie Persönlichkeitsunterschiede entstehen. Piper, München.

Asch, Solomon E. (1955): Opinions and Social Pressure. In: Scientific American. 193, 5, 31–35.

Bauer, Joachim (2012): Das Gedächtnis des Körpers. Wie Beziehungen und Lebensstile unsere Gene steuern. (19. Aufl.) Piper, München.

Bauer, Joachim (2007): Prinzip Menschlichkeit. Warum wir von Natur aus kooperieren. Hoffmann und Campe, Hamburg.

Baumeister, Roy, F. et al. (2005): Mythos Selbstbewusstsein. In: Spektrum der Wissenschaft, August, 24–29.

Behlmer, Catharina (2005): Psychologie der Mode. Junge, erwachsene Menschen auf der Suche nach der eigenen Identität und was die Modeindustrie daran verdient. (unveröffentlichtes Manuskript)

Bierhoff, Hans Werner (2000): Sozialpsychologie. W. Kohlhammer, Stuttgart–Berlin–Köln.

Bischof, Norbert (1989): Das Rätsel Ödipus. Die biologischen Wurzeln von Intimität und Autonomie. Piper, München.

Blank, Hartmut und Volkhard Fischer (2000): „Es musste eigentlich so kommen": Rückschaufehler bei der Bundestagswahl 1998. In: Zeitschrift für Sozialpsychologie 31, 3, 128–142.

Bodenmann, Guy (1999): Scheidung: Was wissen wir heute zu ihren Ursachen? In: Zeitschrift für Familienforschung, 11, 2, 5–27.

Brown, Harriet (2013): Das Gefühl für den eigenen Wert. In: Psychologie heute. 9, 20–27.

Brucher, Rosemarie (2007): „Durch seine Wunden sind wir geheilt": Selbstverletzung als stellvertretende Handlung in der Aktionskunst von Günter Brus. Diplomarbeit an der Philologisch-Kulturwissenschaftlichen Fakultät der Universität Wien.

Burger, Jerry M. (2009): Replicating Milgram. Would People Still Obey Today? In: American Psychologist, 64, 1, 1–11.

Cialdini, Robert B. (2007): Die Psychologie des Überzeugens. Ein Lehrbuch für alle, die ihren Mitmenschen und sich selbst auf die Schliche kommen wollen. 5. Auflage. Hans Huber, Bern.

Conway, Michael and Michael Ross (1984): Getting What You Want By Revising What You Had. In: Journal of Personality and Social Psychology, 47, 4, 738–748.

Dawkins, Richard (1978): Das egoistische Gen. Spektrum Akademischer Verlag, Heidelberg–Berlin–Oxford.

Dias, Brian G. and Kerry J Ressler (2014): Parental olfactory experience influences behavior and neural structure in subsequent generations. In: Nature Neuroscience, 17, 89–96. Siehe auch: http://www.spiegel.de/wissenschaft/natur/epigenetik-maeuse-vererben-schlechte-erinnerungen-a-936692.html.

Diener, Ed and Marissa (1995): Cross-Cultural Correlates of Life Satisfaction and Self-Esteem. In: Journal of Personality and Social Psychology, 68, 4, 653–663.

Dion, Karen et al. (1972): What is Beautiful is Good. In: Journal of Personality and Social Psychology. 24, 3, 285–290.

Fellner, Sabine (1997): Kunstskandal! Die besten Nestbeschmutzer der letzten 150 Jahre. Ueberreuter, Wien.

Festinger, Leon and James M. Carlsmith (1959): Cognitive Consequences of Forced Compliance. In: Journal of Abnormal and Social Psychology, 58, 203–210.

Foerster, Heinz von und Monika Bröcker (2002): Teil der Welt. Fraktale einer Ethik – Ein Drama in drei Akten. Carl-Auer-Systeme, Heidelberg.

Foerster, Heinz von und Bernhard Pörksen (2001): Die Wahrheit ist die Erfindung eines Lügners. Gespräche für Skeptiker. Carl-Auer-Systeme, Heidelberg.

Guthke, Karl (2007): Die große Öffnung in die weite Welt. In: Slawinski, Ilona (Hg.): Der Mnemosyne Träume. Francke, Tübingen.

Hassebrauck, Manfred (1996): Beziehungskonzepte und Beziehungszufriedenheit. Die Bedeutung tatsächlicher und wahrgenommener Konzeptähnlichkeit in Paarbeziehungen. In: Zeitschrift für Sozialpsychologie. 27, 1, 183–192.

Hein, Thomas A. (2010): Schneiden für den Profit. Unnötige Operationen. Abrufbar unter: www.raum-und-zeit.com/r-z-online/bibliothek/gesundheit/gesundheitspolitik.

Hengstschläger, Markus (2012): Die Durchschnittsfalle. Gene – Talente – Chancen. Ecowin, Salzburg.

Herkner, Werner (1981): Einführung in die Sozialpsychologie. 2. Auflage. Hans Huber, Bern.

Horx, Matthias (2006): Wie wir leben werden. Unsere Zukunft beginnt jetzt. Campus, Frankfurt–New York.

Huemer, Peter (2012): Ungehorsam in Gottes Namen. Ungehorsam? Um Gottes Willen! In: Perner, Rotraud A. und Herbert Kohlmaier (Hg.): Ungehorsam. AAPTOS, Matzen.

Kahneman, Daniel (2011): Schnelles Denken, langsames Denken. Siedler, München.

Karsten, Anitra (1953): Das Vorurteil (Sammelreferat). In: Anitra Karsten (Hg.): Vorurteil. Ergebnisse psychologischer und sozialpsychologischer Forschung. Wissenschaftliche Buchgesellschaft Darmstadt.

Kegel, Bernhard (2013): Das interaktive Buch des Lebens. In: Spektrum der Wissenschaft Spezial, 2, 12–21.

Kling, Kristen C., Janet S. Hyde, Carolin J. Showers and Brenda N. Buswell (1999): Gender Differences in Self-Esteem: A Meta-Analysis. In: Psychological Bulletin, 125, 4, 479–500.

Koidl, Roman Maria (2013): Web Attack. Der Staat als Stalker. Goldmann, München.

Lippmann, Walter (1922): Public Opinion. Abrufbar unter: http://www.gutenberg.org/cache/epub/6456/pg6456.html.

Latané, Bibb and John M. Darley (1968): Group Inhibition of Bystander Intervention in Emergencies. In: Journal of Personality and Social Psychology, 10, 3, 215–221.

Latané, Bibb and Steve Nida (1981): Ten Years of Research on Group Size and Helping. In: Psychological Bulletin, 89, 2, 308–324.

Loftus, Elisabeth F. (2001): Falsche Erinnerungen. In: Spektrum der Wissenschaft. Digest, 2, 62–67.

McCullough, David (2014): Ihr seid nichts Besonderes. Was im Leben junger Menschen wirklich zählt. Goldmann, München.

Mischel, Walter (2015): Der Marshmallow-Test. Willensstärke, Belohnungsaufschub und die Entwicklung der Persönlichkeit. Siedler, München.

Mierke, Jan (2004): Kognitive Prozesse bei der indirekten Messung von Einstellungen mit dem Impliziten Assoziationstest. Dissertation zur Erlangung der Doktorwürde. (unveröffentlicht)

Milgram, Stanley (1974): Das Milgram-Experiment. Zur Gehorsamsbereitschaft gegenüber Autorität. Rowohlt, Reinbek bei Hamburg.

Noelle-Neumann, Elisabeth (1980): Die Schweigespirale. Öffentliche Meinung – unsere soziale Haut. Piper, München.

Nestler, Eric J. (2013): Verborgene Schalter im Gehirn. In: Spektrum der Wissenschaft Spezial, 2, 23–29.

Nuber, Ursula (2005): Ein starkes Selbst: Die Quelle unserer Kraft. In: Psychologie heute, April, 20–28.

Penke, Lars (2013): Gibt es ein Gen für Intelligenz? In: Spektrum der Wissenschaft, 2, 62–70.

Peuckert, Rüdiger (1975): Konformität. Erscheinungsformen – Ursachen – Wirkungen. Enke, Stuttgart.

Riemann, Rainer (2013): Neue Erklärungen für menschliches Verhalten. In: Spektrum der Wissenschaft Spezial, 2, 6–11.

Rohde, Klaus (2010): Evolutionär Stabile Strategien und Ungleichgewicht in Ökologischen Systemen. Die Anwendung der Spieltheorie in der Evolutionstheorie und Ökologie. Abrufbar unter: http://krohde.wordpress.com/article/evolutionar-stabile-strategien-und-xk923bc3gp4-39/.

Roth, Roswith (2002): Sexism in Psychological Research. In: Roth, R. and F. Farley (Hg.): The Spiritual Side of Psychology at Century's End. Proceedings of the 57th Annual Convention, International Council of Psychologists. August 1999, Salem, MA/USA, S. 208–216. Pabst, Lengerich.

Roth, Roswith (1999): Psychologische Strategien der Gewalt. In: Hey, Barbara et al. (Hg.): Krieg. Geschlecht und Gewalt. Leykam, Graz.

Schachinger, Helga E. (2005): Das Selbst, die Selbsterkenntnis und das Gefühl für den eigenen Wert. Einführung und Überblick. Hans Huber, Bern.

Schrems, Max (2014): Kämpf um deine Daten. edition a, Wien.

Schurz, Grete (1990): Destruktive Gehorsamsbereitschaft im psychologischen Experiment. In: Huemer, Peter und Grete Schurz (Hg.): Unterwerfung. Zsolnay, Wien.

Schurz, Grete (1983): Experimentelle Überprüfung des Zusammenhangs zwischen Persönlichkeitsmerkmalen und der Bereitschaft zum destruktiven Gehorsam gegenüber Autoritäten. Dissertation, Karl-Franzens-Universität Graz.

Schütz, Astrid (2005): Je selbstsicherer, desto besser? Licht und Schatten positiver Selbstbewertung. Beltz, Weinheim–Basel.

Schütz, Astrid (2003): Psychologie des Selbstwertgefühls. Von Selbstakzeptanz bis Arroganz. Kohlhammer, Stuttgart.

Schützenhöfer, Louis (2011): Vom Charme des Scheiterns. Krisen für einen Neustart nutzen. Ueberreuter, Wien.

Schützenhöfer, Louis (2009): Die Kunst des Verdrängens. Glücklich ist, wer vergisst. Ueberreuter, Wien.

Shanahan, Michael J. und Jason Freeman (2013): Vom Sozialverhalten zur DNA – und zurück. In: Spektrum der Wissenschaft Spezial, 2, 52–61.

Simmel, Georg (2009): Zur Psychologie der Mode. Soziologische Studie. In: Klaus Lichtblau (Hg.): Soziologische Ästhetik. Verlag für Sozialwissenschaften, Wiesbaden.

Sommer, Volker (1992): Lob der Lüge. Täuschung und Selbstbetrug bei Tier und Mensch. Beck, München.

Spork, Peter (2012): Der zweite Code. Epigenetik oder: Wie wir unser Erbgut steuern können. Rowohlt, Reinbek bei Hamburg.

Stahlberg, Dagmar et al. (1993): Der Knew-it-all-along-Effekt in Urteilssituationen von hoher und geringer Selbstwertrelevanz. In: Zeitschrift für Sozialpsychologie, 24, 1, 94–102.

Szczesny, Gerhard (1971): Das sogenannte Gute. Vom Unvermögen der Ideologen. Rowohlt, Reinbek bei Hamburg.

Szyf, Moshe (2013): Verankerung frühkindlicher Erfahrungen im Erbgut. In: Spektrum der Wissenschaft Spezial, 2, 30–35.

Wertenbaker, Lael (1972): Picasso und seine Zeit. Time-Life-International, Amsterdam.

Wolf, Christian (2009): Zwischen Erbe und Erfahrung. In: Gehirn & Geist, 11, 28–32

Wolf, Claudia Christine (2010): Im Bann des Vorurteils. In: Gehirn & Geist, 7–8, 54–58.

Zitelmann, Rainer (2014): Setze dir größere ZIELE! Die Geheimnisse erfolgreicher Persönlichkeiten. Redline, München.

Zulehner, Paul M. (2012): Gehorsam oder „Gehorchsam“? Zur Gehorsamsfalle rund um den Aufruf der Pfarrer-Initiative. In: Perner, Rotraud A. und Herbert Kohlmaier (Hg.): Ungehorsam. AAPTOS, Matzen.